Luiz Santos

Os Quatro Caminhos do Espírito
A Magia dos Elementos

Título Original: *Elemental Magic: The Hidden Realm of Fairies*

Copyright © 2023, publicado por Luiz Antonio dos Santos ME.

Este livro é uma obra de não-ficção que explora o universo das fadas e sua conexão com os elementos da natureza. Através de uma abordagem holística e espiritual, o autor revela os segredos ocultos do mundo elemental, proporcionando ao leitor um caminho para a harmonia e o despertar da consciência.

1ª Edição
Equipe de Produção
Autor: Luiz Santos
Editor: Luiz Santos
Capa: Studios Booklas
Diagramação: Rafael Monteiro
Tradução: Mariana Figueiredo

Publicação e Identificação
Os Quatro Caminhos do Espírito - A Magia dos Elementos
Booklas Publishing, 2023
Categorias: Espiritualidade / Holismo
DDC: 133.43 / CDU: 133.4

Todos os direitos reservados a:
Luiz Antonio dos Santos ME / Booklas Publishing

Nenhuma parte deste livro pode ser reproduzida, armazenada num sistema de recuperação ou transmitida por qualquer meio — eletrônico, mecânico, fotocópia, gravação ou outro — sem a autorização prévia e expressa do detentor dos direitos autorais.

Sumário

Índice Sistemático 5
Prólogo 11
Capítulo 1 Fadas 15
Capítulo 2 Energia Elemental 25
Capítulo 3 Conexão Espiritual 35
Capítulo 4 Preparação para os Rituais 46
Capítulo 5 Invocação de Fadas 55
Capítulo 6 Ritual de Cura 64
Capítulo 7 Ritual de Proteção 74
Capítulo 8 Ritual de Prosperidade 84
Capítulo 9 Alinhamento com a Natureza 95
Capítulo 10 Trabalho Energético Avançado 105
Capítulo 11 Compartilhando Sabedoria 111
Capítulo 12 Consciência Energética 123
Capítulo 13 Rituais de Renovação 134
Capítulo 14 Ritual de Amor Próprio 143
Capítulo 15 Comunicação com a Natureza 152
Capítulo 16 Alinhamento com os Ciclos Naturais 162
Capítulo 17 Práticas para a Comunidade 173
Capítulo 18 Ritual da Sabedoria Interior 183
Capítulo 19 Cuidando do Altar 192
Capítulo 20 Proteção Espiritual Avançada 201
Capítulo 21 Autoconhecimento e Crescimento 210
Capítulo 22 Práticas de Manifestação 221

Capítulo 23 Cura Emocional Profunda 229
Capítulo 24 Trabalhando com Elementais 236
Capítulo 25 Ritual de Purificação Profunda 244
Capítulo 26 Desenvolvendo a Intuição 252
Capítulo 27 Harmonia nos Relacionamentos 259
Capítulo 28 Aprofundando a Prática 267
Capítulo 29 Ancestralidade e Fadas 276
Capítulo 30 Ritual de Autocura 286
Capítulo 31 Consagração Final 295
Epílogo 303

Índice Sistemático

Capítulo 1: Fadas - Explora a natureza e os tipos de fadas, seres elementais que incorporam as energias primordiais da natureza e servem como guardiãs do delicado equilíbrio do mundo natural.

Capítulo 2: Energia Elemental - Mergulha nas energias elementais de terra, água, fogo e ar, que são os canais pelos quais as fadas se manifestam e exercem sua influência no mundo natural.

Capítulo 3: Conexão Espiritual - Aborda a jornada interior e as práticas espirituais necessárias para se conectar com as fadas, que respondem à pureza da intenção e àqueles que as abordam com humildade e respeito.

Capítulo 4: Preparação para os Rituais - Detalha os passos para preparar o corpo, a mente e o espaço para rituais com fadas, incluindo a purificação energética, o uso de cristais, a meditação e a seleção de itens naturais.

Capítulo 5: Invocação de Fadas - Explora a arte de invocar fadas para rituais, com foco na pureza da intenção, na escolha de palavras e na energia por trás da invocação, criando um canal de comunicação entre os reinos.

Capítulo 6: Ritual de Cura - Apresenta um ritual de cura com fadas, utilizando a energia de cura das fadas da terra e da água para restaurar o equilíbrio do corpo e do espírito, com a ajuda de visualização, respiração e elementos naturais.

Capítulo 7: Ritual de Proteção - Detalha um ritual de proteção com fadas, utilizando símbolos, visualização e aterramento para criar barreiras protetoras contra energias perturbadoras, com a ajuda de fadas da terra e outros elementos.

Capítulo 8: Ritual de Prosperidade - Descreve um ritual para atrair prosperidade com a ajuda das fadas, utilizando símbolos de abundância, visualização, afirmações e aterramento para se alinhar com os ciclos de crescimento e realização da natureza.

Capítulo 9: Alinhamento com a Natureza - Explora como se alinhar com a natureza para fortalecer a conexão com as fadas, utilizando práticas como presença na natureza, observação, meditação ao ar livre e oferendas para se conectar com os ritmos e ciclos naturais.

Capítulo 10: Trabalho Energético Avançado - Apresenta práticas avançadas de canalização de energia com a orientação das fadas, incluindo aterramento elemental, percepção de energia, desenho de energia, círculos de energia e anéis de proteção.

Capítulo 11: Compartilhando Sabedoria - Discute como compartilhar a sabedoria das fadas com outras pessoas, com foco na criação de um espaço harmonioso, na prática de exercícios de aterramento e na apresentação de conceitos básicos sobre as fadas e sua conexão com a natureza.

Capítulo 12: Consciência Energética - Explora o desenvolvimento da consciência energética como forma de se conectar com as fadas, incluindo práticas como aterramento, escaneamento de energia, sintonização com a natureza, sintonização elemental e mapeamento de energia.

Capítulo 13: Rituais de Renovação - Detalha rituais para renovar a energia pessoal e ambiental com a ajuda das fadas, utilizando elementos naturais, visualização, respiração e oferendas para limpar e revitalizar o corpo e o espírito.

Capítulo 14: Ritual de Amor Próprio - Apresenta um ritual para cultivar o amor próprio com a orientação das fadas, utilizando visualização, afirmações, espelhamento e oferendas para nutrir a compaixão, bondade e respeito pelo eu interior.

Capítulo 15: Comunicação com a Natureza - Explora como se comunicar com a natureza e as fadas, utilizando práticas como percepção elemental, ouvir os sussurros, visão simbólica, diário da natureza e fusão de energia para se conectar com a sabedoria da Terra.

Capítulo 16: Alinhamento com os Ciclos Naturais - Discute a importância de se alinhar com os ciclos naturais para fortalecer a conexão com as fadas, incluindo práticas como trabalhar com os ciclos lunares, observar as mudanças sazonais e criar um altar sazonal.

Capítulo 17: Práticas para a Comunidade - Aborda como integrar as energias das fadas em práticas comunitárias, incluindo rituais como o Círculo da Paz, Altar Comunitário de Intenções, Ritual de Cura Compartilhada e Cerimônia de Celebração Sazonal.

Capítulo 18: Ritual de Sabedoria Interior - Apresenta um ritual para acessar a sabedoria interior com a orientação das fadas, utilizando práticas como Reflexão Guiada, Espelho da Reflexão, Ritual das Perguntas Sussurradas e Caminho da Meditação Silenciosa.

Capítulo 19: Cuidando do Altar - Detalha como cuidar do altar como um espaço sagrado para se conectar com as fadas, incluindo práticas como escolher um local sagrado, selecionar símbolos elementais, adicionar toques pessoais, oferecer elementos naturais frescos e realizar limpezas energéticas.

Capítulo 20: Proteção Espiritual Avançada - Explora métodos avançados de proteção espiritual com a ajuda das fadas, incluindo a compreensão de escudos de energia, o uso dos elementos como aliados, a invocação de guardiões de fadas e o uso de símbolos de proteção.

Capítulo 21: Autoconhecimento e Crescimento - Aborda o caminho do autoconhecimento com a orientação das fadas, incluindo práticas como Reflexão Consciente, Diário com Insight das Fadas, Abraçar as Emoções através da Meditação Fortalecida pelas Fadas e Ouvir os Sinais do Corpo.

Capítulo 22: Práticas de Manifestação - Apresenta práticas para manifestar desejos com a ajuda das fadas, incluindo Clareza de Intenção, Criar uma Afirmação de Intenção, Uso de Símbolos e Elementos das Fadas, Visualização e Ancorar a Intenção com Energia Elemental.

Capítulo 23: Cura Emocional Profunda - Explora a cura emocional profunda com a ajuda das fadas, incluindo práticas como Criação de um Espaço Sagrado de Cura, Consciência da Respiração e Enraizamento, Descoberta Emocional através da Reflexão e Visualização da Liberação Energética.

Capítulo 24: Trabalhando com Elementais - Apresenta os elementais, seres que incorporam os elementos fundamentais com uma força bruta, e como se conectar com eles para obter orientação e empoderamento, incluindo práticas específicas para cada elemento.

Capítulo 25: Ritual de Purificação Profunda - Detalha um ritual de purificação profunda com a ajuda das fadas, utilizando os quatro elementos para limpar e renovar a energia pessoal, incluindo práticas como aterramento, liberação com água, transformação com fogo e clareza com ar.

Capítulo 26: Desenvolvendo a Intuição - Explora o desenvolvimento da intuição como forma de se conectar com as fadas, incluindo práticas como atenção plena, técnicas de respiração, meditação simbólica, uso de cristais e registro de insights em um diário.

Capítulo 27: Harmonia nos Relacionamentos - Aborda como usar a energia das fadas para criar harmonia nos relacionamentos, incluindo práticas como o Ritual das Fadas para Empatia, cultivar paciência, perdão, comunicação compassiva e respiração centrada no coração.

Capítulo 28: Aprofundando a Prática - Discute como aprofundar a prática espiritual com a orientação das fadas, incluindo meditação consistente, dedicação cíclica, manter um diário espiritual, realizar rituais de renovação e observar o progresso sem julgamento.

Capítulo 29: Ancestralidade e Fadas - Explora a conexão com a ancestralidade através das fadas, incluindo práticas como oferendas na natureza, meditação ancestral, histórias ancestrais, trabalho com sonhos, criação de um altar ancestral e cura ancestral.

Capítulo 30: Ritual de Autocura - Apresenta um ritual de autocura com a ajuda das fadas, incluindo práticas como limpeza energética, conexão com cristais e ervas curativas, jornadas de visualização guiada, afirmações para o amor próprio e cura, e o autoabraço.

Capítulo 31: Consagração Final - Detalha um ritual de consagração final para selar a jornada espiritual, incluindo a criação de um espaço sagrado, a montagem de um altar de intenção, um ritual de dedicação pessoal, o uso de elementos naturais, reflexão silenciosa e a bênção de um objeto pessoal.

Prólogo

Você está prestes a entrar em um mundo raro, um tanto intangível - um universo pulsando nas fronteiras do visível e do oculto, onde o ordinário se torna extraordinário. Este livro não é apenas uma leitura; é uma passagem, uma chave que abre portas para uma dimensão onde as fadas habitam, onde as forças primordiais da terra, água, fogo e ar sussurram segredos antigos que ressoam no âmago do seu ser. E este convite é só para você, como se cada linha, cada palavra, fosse escrita para despertar algo adormecido, mas essencial dentro de você.

A princípio, pode parecer que você está simplesmente virando páginas, mas logo perceberá que está abrindo portais. Este é um chamado único, uma jornada oferecida apenas àqueles que ousam olhar além da superfície e perguntar o que realmente existe além dos limites do que consideramos "real". Este livro não tem como objetivo explicar, mas revelar. As fadas que dançam em suas páginas não são seres etéreos de contos de infância, mas guardiãs de uma antiga harmonia, uma sabedoria que une o humano ao divino, o espiritual ao físico.

Imagine-se ao lado delas, aprendendo a ouvir a terra, sentindo o fluxo das águas, a chama do fogo e voando com o ar. As fadas são mais do que personagens; são forças vivas, energias que permeiam a própria natureza, incorporando cada elemento em sua forma mais pura e transformadora. Elas também são guardiãs, observadoras silenciosas que, por milênios, mantiveram a ordem entre os reinos da natureza. Ao se conectar com elas, você também se sintoniza com esse equilíbrio, reavaliando seu papel na eterna dança da vida e da renovação.

Cada capítulo o guiará mais profundamente neste reino de mistério, onde verdades ocultas começam a emergir sutilmente, como uma luz suave filtrando-se pela névoa da manhã. Ao ler, deixe-se levar por essa atmosfera, permitindo-se ir além das palavras, sentindo em cada frase a energia que esses seres carregam. Perceba que, ao desvendar os mistérios das fadas, você também está descobrindo partes ocultas de si mesmo. Ao tocar na natureza, você também tocará sua essência - uma essência inextricavelmente ligada a este mesmo mundo.

As fadas dos elementos - terra, água, fogo e ar - espelham as qualidades profundas que residem em você. As fadas da terra, com sua energia silenciosa e aterradora, convidam você a se reconectar com a estabilidade, com o que é sólido e duradouro. Elas são as guardiãs das forças nutritivas, do crescimento e do sustento, e ao se conectar com essas energias, você descobrirá uma força calma e constante que nutre seu espírito.

As fadas da água, por sua vez, guiam suas emoções, trazendo leveza à experiência de se adaptar, receber e liberar. Elas nadam em águas profundas, no oceano de emoções, sonhos e instintos, ajudando você a entender que a verdadeira liberdade está em se permitir ser fluido e adaptável, assim como uma corrente fluindo em torno de obstáculos, renovando-se constantemente. Com essa presença, você aprenderá que a fluidez da água é uma força em si mesma e que a introspecção é uma ferramenta para a renovação.

As fadas do fogo, intensas e transformadoras, são as guardiãs do poder criativo. Elas desafiam o ordinário e inspiram a mudança, incitando-nos a buscar a transformação e o renascimento. Você não pode se conectar com elas sem sentir seu próprio potencial criativo despertar, sem sentir aquela faísca interior pronta para acender novas ideias, para queimar o que não lhe serve mais e abrir espaço para o novo. Elas não apenas trazem calor, mas também luz, convidando você a olhar para dentro e ver suas verdades com clareza.

E então há as fadas do ar, presenças misteriosas e etéreas que trazem a leveza e a clareza do pensamento. Elas se movem no espaço entre os pensamentos, entre sonhos e visões, inspirando novas ideias e incentivando a liberdade mental. Essas fadas nos permitem elevar nosso pensamento, abandonar fardos e restrições e flutuar livremente dentro das possibilidades. Ao se conectar com a energia do ar, você aprenderá a liberar o que o limita e se abrir ao poder da imaginação e da intuição, permitindo que o pensamento viaje além do que é concreto e imediato.

Ao se abrir para este universo, permita que sua própria sensibilidade desperte para os sinais do invisível. Como a própria natureza, as fadas se revelam apenas para aqueles que estão dispostos a observar, ouvir e harmonizar. Esta leitura é mais do que um livro; é um guia para uma transformação sutil, para uma nova maneira de perceber a si mesmo e ao mundo. A cada página que você virar, se aproximará deste portal de conhecimento que transcende o racional, para um saber que conecta corpo e espírito à própria essência da natureza.

Este livro o convida, portanto, a redescobrir as energias que compõem sua própria alma, energias espelhadas pelos elementos ao seu redor. Ele o desafia a se reconectar, a perceber que, ao se alinhar com essas forças, você participa de uma dança maior, em um fluxo que entrelaça todas as formas de vida. E, no final, você descobrirá que essa dança o leva a um ponto de partida - um lugar onde o ordinário e o extraordinário coexistem, onde você e a natureza são um, onde a harmonia e o mistério residem em perfeita sincronia.

Capítulo 1
Fadas

Nos reinos ocultos onde a luz encontra a sombra e as árvores sussurrantes balançam com segredos, existe um mundo de seres etéreos - conhecidos por muitos como fadas. Essas criaturas esquivas são mais do que meras histórias passadas através da tradição antiga. Elas são seres elementais, tecidas a partir da própria estrutura da natureza, incorporando as energias primordiais que sustentam nosso mundo. Vislumbrar uma fada, ou mesmo sentir sua presença, é encontrar uma essência tão antiga quanto a terra, tão fluida quanto a água, tão quente quanto o fogo e tão livre quanto o vento. Aqui, nas dobras da realidade que muitas vezes passam despercebidas, as fadas habitam.

A existência das fadas fala de um profundo equilíbrio dentro da natureza. Cada uma se alinha com um elemento específico - terra, água, fogo ou ar - refletindo suas qualidades e energias únicas. No entanto, as fadas não são apenas manifestações dessas forças; elas também servem como suas guardiãs, protetoras do delicado equilíbrio que sustenta o mundo natural. Nesse papel, elas agem quase como uma ponte, um fio condutor entre os reinos humano e elemental, zelando pela vida que floresce nos ecossistemas dos quais são parte intrínseca.

Diferentes tipos de fadas surgem dentro desses elementos, cada um carregando energias, aparências e propósitos distintos. As fadas da terra, por exemplo, são atraídas por pedras, raízes e pelos lugares profundos e silenciosos dentro das florestas. Muitas vezes ligadas ao crescimento e à estabilidade, esses seres ressoam com energias que aterram e nutrem, trabalhando silenciosamente sob nossos pés para fomentar a vida. As fadas terrestres encontram santuário dentro das árvores e do solo, onde guiam os ciclos de crescimento e decadência, sussurrando para as plantas e a fauna em uma linguagem além da audição humana.

As fadas da água, por outro lado, fluem com os rios, lagos e mares, sua essência ligada ao fluxo e refluxo da água e, por extensão, às nossas emoções. Conectar-se com as fadas da água é tocar o ritmo sempre mutável de sentimentos, memória e intuição. Elas giram dentro das correntes, brilhando como reflexos lúdicos na superfície da água ou como movimentos fugazes em suas profundezas. Seu propósito é inspirar limpeza, renovação e adaptabilidade, pois elas são o sopro de fluidez na natureza, adaptando-se a cada curva e corrente que encontram.

As fadas do fogo carregam uma energia totalmente diferente. Conhecidas por sua intensidade, elas cintilam dentro das chamas e do calor do sol, irradiando uma força vital vibrante que chama a atenção. Elas incorporam a transformação, incitando o mundo a abraçar a mudança e a mover-se através de ciclos de renascimento. Embora sua energia possa parecer feroz, as fadas do fogo possuem uma sabedoria intrincada - que nos ensina a respeitar o poder da paixão, da vontade e da renovação. Quando essas fadas aparecem, sua presença muitas vezes nos lembra de aproveitar nosso fogo interior, canalizar a coragem e buscar a iluminação dentro de nós mesmos.

E então há as fadas do ar, as mais esquivas de todas, esvoaçando invisivelmente pelos céus. Elas são as portadoras da inspiração, mensageiras da clareza e do insight, que habitam os espaços entre pensamentos e sonhos. Essas fadas são atraídas por campos abertos, topos de montanhas e o suave farfalhar das folhas, onde sua essência arejada pode dançar livremente. Elas dão vida às ideias, muitas vezes aparecendo como momentos de clareza repentina ou uma brisa suave que traz um sussurro de intuição. A presença de fadas do ar nos convida a elevar nossos pensamentos, abandonar fardos e abraçar o poder de possibilidades invisíveis.

Juntas, essas fadas elementais criam uma tapeçaria de energias que permeia a natureza. Seus papéis são tão variados quanto suas formas, mas elas compartilham um propósito unificador: manter a harmonia e promover o crescimento dentro do mundo natural. Elas são aliadas do equilíbrio, movendo-se através de um ritmo que é constante, mas em constante evolução, e em sua sabedoria reside a compreensão da interdependência de todas as coisas.

No entanto, as fadas não são meras guardiãs passivas da natureza. Elas também são seres interativos, responsivos àqueles que as procuram com respeito e corações abertos. Para aqueles que desejam se conectar com fadas, é essencial abordá-las como se aproximaria de um professor sábio e antigo - sem exigências, mas com reverência e curiosidade. As fadas sentem as intenções, respondendo a energias e emoções em vez de palavras. Elas podem aparecer para aqueles que se aproximam delas com humildade, buscando aprender e harmonizar com a natureza em vez de controlá-la. Desta forma, as fadas podem optar por se revelar sutilmente, talvez como um vislumbre de luz no canto da visão, uma brisa suave carregando um aroma de flores, ou mesmo uma melodia fugaz que desperta uma memória há muito esquecida.

Compreender as fadas é, portanto, uma jornada de alinhamento espiritual. Requer sintonizar-se com o mundo natural, tornando-se consciente das correntes sutis e forças invisíveis que o moldam. As fadas existem dentro desses reinos invisíveis, tecidas nas energias que preenchem florestas, rios, fogos e céus. Ao aprender a perceber essas energias, começa-se a vislumbrar o mundo das fadas - um lugar dentro e além dos limites de nossa realidade física.

Ao nos abrirmos para este reino, podemos descobrir que as fadas nos ensinam tanto sobre nós mesmos quanto sobre a natureza. Elas espelham as qualidades de nossos próprios elementos internos, guiando-nos para nos conectarmos com a terra, água, fogo e ar interior. Ao fazer isso, as fadas nos lembram de nosso lugar na tapeçaria maior da vida. Elas revelam que não estamos separados da natureza, mas somos, na verdade, uma parte integrante de sua essência - uma verdade que muitas vezes esquecemos.

Esta exploração inicial do reino das fadas oferece um vislumbre de uma realidade mística onde energia, intenção e respeito se misturam. As fadas, como seres elementais, incorporam e sustentam as forças naturais ao nosso redor, harmonizando-se com o espírito do mundo em uma dança de energia e vida. Compreendê-las é embarcar em uma jornada de alinhamento espiritual, que nos conduz para mais perto do coração da natureza e, em última análise, para os aspectos ocultos de nós mesmos.

Quando alguém se atreve a aprofundar sua compreensão das fadas, o caminho se desenrola como uma tapeçaria, tecida com fios de percepção e energia que são tão delicados quanto profundos. Caminhar entre as fadas é aprender sua linguagem - não por meio de palavras, mas por meio de uma dança intuitiva de sentimento e intenção. Cada tipo de fada traz seu próprio ritmo, comunicando-se em sussurros e sinais em vez de formas concretas, abrindo uma janela para as camadas mais sutis da existência.

As fadas da terra, guardiãs silenciosas do crescimento e da decadência, ecoam com a pulsação da terra. Elas não falam em tons audíveis, mas sim em mudanças e sensações: um calor crescente, uma sensação de aterramento ou uma vibração sutil sentida na quietude de árvores antigas. Para perceber sua presença, é preciso ouvir não com os ouvidos, mas com o espírito, sintonizando-se com o pulso lento e constante que bate sob os pés. Quando os humanos entram em seus santuários - as pedras cobertas de musgo, bosques escondidos ou o suave rolar das colinas - pode haver uma sensação de calma, uma sensação de ser observado por algo antigo e sábio. As fadas da terra se comunicam através da essência da paciência, nutrindo as sementes do crescimento tanto na natureza quanto na alma.

As fadas da água, em contraste, são criaturas de fluidez, alinhadas com as marés e fluxos de nossas emoções internas. Elas aparecem em reflexos, disparando sob a superfície ou brilhando como ondulações na calma. Essas fadas se revelam em momentos de introspecção, ajudando a navegar pelas profundezas do sentimento e da intuição. Conectar-se com elas convida a um abraço de mudança, pois assim como a água se move e se remodela sem esforço, essas fadas também nos guiam para fluir com as correntes da vida. Sentir sua presença é sentir um puxão, um convite para mergulhar para dentro e mover-se graciosamente através das próprias emoções, encontrando clareza nas profundezas.

A energia das fadas do fogo, por sua vez, ressoa com intensidade e transformação. Guardiãs ferozes e guardiãs da paixão, elas aparecem como flashes de luz, cintilações na chama de uma vela ou mesmo no calor de um espaço iluminado pelo sol. Embora sua energia possa ser aguda, ela também é ricamente criativa, incitando aqueles que se conectam com ela a acender seu próprio fogo interior. As fadas do fogo incorporam a essência da mudança, ensinando-nos a liberar o que não nos serve mais e abraçar nossas verdades essenciais com coragem. Elas respondem mais vividamente às intenções de crescimento e empoderamento, lembrando-nos de que a transformação começa de dentro. Sua presença desperta uma sensação de calor e vigilância, um lembrete para respeitar o poder do fogo e usá-lo com sabedoria.

As fadas do ar, como uma brisa suave carregando o cheiro de flores, são as mais sutis de todas. Elas se revelam através do movimento, um farfalhar nas folhas ou um pensamento fugaz que inspira. Ao contrário da energia enraizada das fadas da terra ou do fluxo apaixonado do fogo, as fadas do ar trazem um sussurro de inspiração, incitando-nos a olhar além da superfície da realidade. Quando elas estão perto, pode-se sentir uma leveza, uma sensação de possibilidade e uma abertura que permite que novas perspectivas surjam. Elas são mensageiras da clareza, guiando-nos para liberar fardos e sintonizar o invisível. Em sua presença etérea, há uma sensação de expansão, um lembrete para sonhar e imaginar sem restrições.

Para interagir com fadas de qualquer tipo, sensibilidade e presença são essenciais. As fadas respondem àqueles que estão atentos às energias de seus arredores. Para os humanos, isso geralmente requer uma forma de desaprender - um afrouxamento do domínio que as distrações modernas têm sobre nossos sentidos. Praticando a presença e a paciência, caminhando pela natureza com o coração aberto e a mente clara, pode-se começar a perceber essas energias, conectando-se com as fadas como faria com amigos de confiança. As fadas veem além das intenções superficiais, respondendo apenas à energia e ao respeito oferecidos por aqueles que se aproximam.

Para aqueles que se sentem atraídos pelo reino das fadas, certas práticas podem ajudar a construir uma ponte entre os mundos. A meditação, por exemplo, acalma a mente e a sintoniza com as energias sutis e rítmicas que sinalizam a presença de uma fada. Durante esses momentos de quietude, os sentidos espirituais despertam, revelando o zumbido da vida que muitas vezes passa despercebido. Práticas simples, como colocar uma pedra ou uma flor como oferenda, expressam a reverência e o apreço pelo delicado equilíbrio da natureza, convidando as fadas a perceberem.

Em lugares onde as fadas são especialmente ativas - como bosques, perto de riachos ou sob o céu aberto ao crepúsculo - uma mudança na energia pode ser sentida. Com o tempo, aprende-se a reconhecer esses sinais sutis: uma sensação de ser observado, um calor inexplicável ou a visão de pequenas luzes disparando na visão periférica. Esses momentos são convites para fazer uma pausa, abandonar as distrações e ouvir, sentindo a presença que se move além dos limites da visão. A conexão se torna não apenas uma ponte para as fadas, mas para o eu mais profundo da alma, uma jornada para dentro tanto quanto para fora.

À medida que os humanos aprofundam sua conexão com as fadas, eles também podem descobrir que a própria natureza começa a revelar sua sabedoria. Os ciclos de crescimento e descanso, a harmonia entre predador e presa, o ritmo das estações - esses são os princípios que as fadas defendem. Trabalhar com fadas incentiva um alinhamento com esses ritmos naturais, promovendo uma vida que espelha o equilíbrio que elas tão diligentemente mantêm. Desta forma, os encontros com fadas se tornam mais do que experiências mágicas; eles são lições de harmonia, resiliência e inter conexão.

As fadas, no entanto, são guardiãs de um mundo além da compreensão humana. Sua perspectiva é antiga, enraizada em uma sabedoria atemporal que vê não apenas o momento presente, mas os ciclos infinitos da vida que conectam todas as coisas. Para elas, a vida é uma dança contínua de energia, em constante mudança, mas sem fim. Aqueles que procuram as fadas em busca de conhecimento ou assistência descobrem que são atraídos para essa dança, aprendendo não por meio de instruções diretas, mas por meio da experiência vivida de interagir com esses seres.

Nesta dança, as fadas podem ajudar a iluminar aspectos ocultos de nós mesmos. Ao interagir com elas, começamos a ver além do físico e a confiar na intuição e nas forças invisíveis. As fadas não são meros símbolos ou arquétipos; elas são seres que optam por compartilhar sua presença e energia, guiando aqueles que desejam aprender com os mistérios do mundo natural.

Para aqueles que buscam rituais e práticas com fadas, a compreensão dessas energias é fundamental. O reino das fadas oferece mais do que visões ou encontros etéreos - é um reflexo de um mundo onde harmonia, respeito e conexão são primordiais. Cada tipo de fada convida os humanos a se alinharem com esses princípios, a se reconectar com a natureza de uma forma que pareça atemporal e profundamente pessoal.

    Desta forma, as fadas nos guiam não apenas em direção a elas, mas de volta para nós mesmos, promovendo uma jornada espiritual e transformadora. À medida que o caminho se desenrola, as fronteiras entre humano e fada, entre visto e invisível, se confundem, revelando um mundo vivo com beleza e sabedoria ocultas esperando para serem descobertas.

Capítulo 2
Energia Elemental

Na antiga dança da natureza, onde cada folha, pedra e brisa carregam o pulso silencioso da vida, reside uma verdade que muitos sentiram, mas poucos realmente compreendem: a presença das energias elementais. Essas são as forças que animam não apenas o mundo das fadas, mas também o próprio fundamento da existência. Como os fios de uma vasta teia invisível, as energias elementais se entrelaçam em tudo, ligando cada aspecto da vida ao próximo. Terra, água, fogo e ar - cada elemento uma parte distinta, porém inseparável do todo - são canais através dos quais as fadas se manifestam e exercem sua influência, moldando o mundo natural de maneiras sutis e profundas.

O elemento terra incorpora a solidez, uma força de resistência e nutrição que dá vida às árvores e ancora o solo sob nossos pés. Essa energia é densa, estável e inflexível, mas dentro dela pulsa a magia sutil do crescimento e da regeneração. As fadas da terra são guardiãs desse poder, custodiantes de tudo o que está enraizado, aterrado e estável. Elas habitam o solo fértil, abrigando as sementes em sua jornada da germinação ao florescimento pleno e, ao fazê-lo, atuam como protetoras silenciosas da natureza cíclica da vida.

Aqueles que se sintonizam com a energia da terra geralmente sentem uma sensação de aterramento, uma calma que os aproxima de suas próprias raízes, inspirando paciência e reverência pelo crescimento. Na presença das fadas da terra, há uma quietude palpável, um lembrete de que a força não reside na força bruta, mas na persistência silenciosa.

A energia da água, sempre fluida e adaptável, é o espelho e a musa de nossas emoções. As fadas da água incorporam esse fluxo, movendo-se em harmonia com rios, lagos e riachos, guiando os ritmos suaves de purificação, reflexão e mudança. Elas são espíritos de intuição, deslizando sem esforço entre o visível e o oculto, navegando nas profundezas do sentimento que muitas vezes permanecem inexprimidas. Conectar-se com as fadas da água é experimentar um convite gentil à rendição - deixar de lado a resistência, fluir com a corrente da vida e abraçar cada reviravolta com graça. No movimento da água, essas fadas nos lembram do poder de limpeza da liberação, encorajando-nos a deixar de lado os fardos emocionais e nos permitir sentir plenamente.

O fogo, em contraste, irradia intensidade, provocando transformação e iluminando o caminho a seguir. É um elemento de paixão, uma força que consome, purifica e renasce. As fadas do fogo dançam em meio às chamas, suas formas bruxuleantes vivas com uma energia potente que impulsiona a ação e desperta forças adormecidas. Elas são guardiãs da mudança, guiando aqueles que as invocam através do fogo da transformação pessoal. Abraçar a energia do fogo é acender a chama interior, despertar a coragem e o impulso que impulsionam o espírito em direção às suas aspirações mais elevadas. As fadas do fogo nos encorajam a nos livrar daquilo que não nos serve mais, a abraçar nossas paixões sem medo e a honrar as lições de destruição e renascimento.

O elemento ar, evasivo e onipresente, é um condutor de inspiração e insight. É uma força que permeia todas as coisas, mas permanece intangível, sempre em movimento e livre. As fadas do ar habitam os espaços entre as respirações, dançando nas brisas que agitam a mente para a clareza e a imaginação. Sua energia é rápida e leve, abrindo caminhos de pensamento e comunicação, guiando-nos a erguer o olhar do tangível e explorar reinos de possibilidade. Em momentos de insight ou criatividade repentinos, pode-se sentir o toque de uma fada do ar - um empurrãozinho que abre a mente para ideias além da percepção comum. Elas nos convidam a pensar de forma expansiva, a nos libertar das restrições e a abraçar a liberdade de pensamento e imaginação.

Cada um desses elementos, embora distinto, está intrinsecamente interconectado. Assim como a terra sustenta a água, a água apaga o fogo, o fogo se eleva com o ar e o ar preenche os espaços dentro da terra, as energias das fadas também se entrelaçam, criando um equilíbrio harmonioso que sustenta toda a vida. As fadas, como seres elementais, incorporam essa interação, canalizando as forças da natureza para manter o equilíbrio no mundo. Elas guiam e protegem, zelando pelo frágil equilíbrio que permite que a vida floresça. E embora possam aparecer dentro de um elemento específico, suas energias fluem livremente através das fronteiras, lembrando-nos de que todas as coisas estão ligadas por correntes invisíveis de energia e propósito.

Ao sentir essas energias elementais, começamos a entender as fadas como mais do que figuras míticas; elas se tornam um reflexo tangível das próprias forças elementais. Quando nos conectamos com elas, estamos nos conectando com a própria essência da terra, água, fogo e ar dentro de nós. A quietude da terra nos ancora, a fluidez da água nutre nossas emoções, a intensidade do fogo desperta nossas paixões e a leveza do ar inspira nossos pensamentos. Essa compreensão promove um relacionamento simbiótico, em que humanos e fadas coexistem em uma teia compartilhada de energia, cada um respeitando e apoiando o papel do outro na natureza.

Aproximar-se das fadas elementais é, portanto, um exercício de sintonização, um processo de harmonizar a própria energia com as energias ao redor. Ao aprender a sentir as qualidades únicas de cada elemento, podemos começar a perceber a presença das fadas e entender seus ensinamentos. Exercícios de aterramento podem promover a conexão com as fadas da terra, enquanto práticas meditativas perto de rios ou lagos convidam a companhia das fadas da água. Rituais de fogo e contemplação de velas podem atrair as fadas do fogo para mais perto, e meditações ao ar livre permitem sentir o toque rápido e refrescante das fadas do ar. Por meio dessas práticas, não apenas convidamos as energias das fadas para nossas vidas, mas também aprofundamos nossa conexão com a própria natureza, nos aterrando nos ritmos da terra, incentivando o fluxo, acendendo o propósito e elevando nossos espíritos.

À medida que nos abrimos para as energias elementais, começamos a ver o papel das fadas como guias e guardiãs do equilíbrio no mundo natural. Sua presença é sutil e profunda, sentida como uma correnteza dentro de cada elemento, guiando-nos a honrar os ciclos da vida, a respeitar as forças que nos sustentam e a encontrar beleza na teia delicada e interconectada que une todos os seres. As fadas, por meio de seu trabalho com os elementos, oferecem um caminho para a compreensão dos mistérios da vida, não por meio da explicação, mas por meio da experiência. Em seu trabalho silencioso e constante, elas nos lembram do nosso próprio lugar no equilíbrio do mundo, exortando-nos a viver com atenção plena e harmonia, a nutrir e proteger, assim como elas fazem.

Nesta exploração das energias elementais, estamos no limiar de uma sabedoria mais profunda - uma sabedoria que não é compreendida apenas pelo intelecto, mas sentida pelo coração, pelos sentidos e pelo espírito. As fadas, guardiãs da terra, água, fogo e ar, abrem a porta para uma realidade que é antiga e imediata, chamando-nos para uma jornada onde a própria natureza se torna nossa professora e onde aprendemos, lenta e suavemente, a nos alinhar com a própria alma do mundo.

À medida que nossos sentidos começam a despertar para as correntes suaves da energia elemental, a presença das fadas se torna não apenas um conceito abstrato, mas uma força tangível e orientadora. As fadas, essas guardiãs e canalizadoras dos poderes primordiais da natureza, movem-se através de seus respectivos elementos com uma inteligência e sensibilidade que espelham e transcendem a compreensão humana. Seu trabalho dentro de cada elemento é delicado, porém poderoso, formando uma rede sutil de energias que sustentam o equilíbrio de toda a vida. Envolver-se com essas energias conscientemente, senti-las e conectar-se, abre uma porta para um relacionamento mais profundo com as fadas, um vínculo que permite acessar as forças elementais que animam o mundo natural.

As energias de cada elemento se revelam por meio da observação cuidadosa e da sensibilidade praticada, como vislumbres da luz solar no chão da floresta. As fadas da terra, por exemplo, movem-se em silêncio, cuidando das raízes das árvores, do solo e das pedras. Por meio de sua energia, pode-se sentir um profundo senso de aterramento, de conexão com o ritmo estabilizador da terra. Uma prática para se sintonizar com sua presença começa tocando fisicamente o solo ou uma árvore, permitindo-se sentir seu pulso. Fechar os olhos e mergulhar nessa sensação revela a energia das fadas da terra como um zumbido suave, uma sensação de enraizamento que traz quietude à mente e ao corpo. Em momentos de dificuldade ou incerteza, essa energia oferece estabilidade, ensinando paciência e resiliência. Em sua sabedoria, as fadas da terra nos lembram da importância de nos aterrarmos, de nos reconectarmos com os ritmos de crescimento, renovação e resistência silenciosa.

As fadas da água, por sua vez, trazem a energia da fluidez e da emoção, deslizando por rios, piscinas e até as menores gotas de orvalho. Sua essência é sentida como uma presença refrescante, um convite para se libertar e fluir com o curso natural da vida. Para se sintonizar com as fadas da água, pode-se sentar perto de um riacho ou lago, fechando os olhos e ouvindo o fluxo, acompanhando a respiração ao ritmo da água. Ao fazer isso, acessa-se o incentivo gentil da fada da água para permitir que as emoções se movam livremente, para limpar e refrescar. As fadas da água oferecem orientação em momentos de desafio emocional, encorajando os indivíduos a abraçar a mudança com aceitação, a lavar velhos apegos e a permitir que novos sentimentos e experiências enriqueçam a alma. Com seu toque, aprende-se a graça da rendição, encontrando força na flexibilidade e resiliência.

As fadas do fogo, em contraste, incorporam paixão, transformação e energia bruta. Elas cintilam em chamas e espaços quentes, agitando o espírito e inspirando atos de coragem. Sua energia pode ser intensa, sentida como uma aceleração do pulso ou uma faísca de excitação interior. Para se conectar com as fadas do fogo, pode-se realizar um ritual simples com uma vela ou olhar para uma fogueira, sentindo o calor e observando a dança viva das chamas. Nesses momentos, a presença das fadas do fogo pode ser sentida como um calor interior, um lembrete do poder transformador da paixão e da criatividade. Elas inspiram ação, incitando-nos a entrar corajosamente na mudança e a abraçar a intensidade da vida com um coração destemido. As fadas do fogo nos lembram que dentro de cada fim reside um novo começo, que a energia da transformação é uma parte essencial do crescimento e da criação.

As fadas do ar, as mais evasivas de todas, movem-se invisivelmente pelos espaços entre os pensamentos, deslizando nas brisas e nos céus abertos. Elas trazem clareza e inspiração, limpando a mente e elevando o espírito. Pode-se sentir sua presença em momentos de leveza, quando um insight repentino ou ideia criativa surge espontaneamente, ou quando uma brisa suave refresca os sentidos. Uma maneira de se sintonizar com as fadas do ar é através da respiração, ficando em um campo aberto ou em uma encosta, sentindo o vento na pele e respirando profunda e conscientemente. Nesses momentos, a energia das fadas do ar promove uma sensação de liberdade, abrindo caminhos de pensamento e convidando à curiosidade e à imaginação. Sua presença é um lembrete para liberar as limitações, expandir a visão e permitir que ideias e sonhos voem.

Juntas, essas energias elementais formam um espectro completo, uma dança da vida que as fadas supervisionam e nutrem. Para aqueles que buscam se conectar mais profundamente com as fadas, praticar a sensibilidade a essas energias é um passo vital, pois constrói uma sintonização que transcende as palavras e coloca em alinhamento com os ritmos da natureza. Uma maneira de cultivar essa sensibilidade é por meio de uma prática chamada "aterramento elemental", na qual cada um dos elementos é reconhecido e convidado à sua presença, um de cada vez. Ao sentar-se em silêncio, visualizando a energia de cada elemento - terra como aterramento, água como fluidez, fogo como aquecimento e ar como elevação - aprende-se a sentir cada energia distintamente e começa-se a reconhecer essas forças em seu ambiente. Essa prática cria um espaço harmonioso onde as fadas se sentem bem-vindas, pois demonstra reverência pelas energias que elas nutrem e protegem.

À medida que a sensibilidade se aprofunda, as fadas podem começar a responder, oferecendo sinais de sua presença de maneiras tão sutis quanto as energias que incorporam. As fadas da terra podem se fazer conhecidas através da vida vibrante de uma planta, uma sensação de calor no solo ou a sensação de ser gentilmente abraçado pela terra. As fadas da água geralmente trazem um brilho à água em movimento, uma paz repentina perto de um lago ou rio, ou um leve tremor que desperta os sentidos para a beleza da fluidez e da transformação. As fadas do fogo se revelam em momentos de inspiração, um lampejo de insight ou até mesmo uma onda de calor sentida no ar frio. E as fadas do ar vêm como sussurros, como uma brisa refrescante que limpa a mente ou como pensamentos que parecem flutuar sem esforço, trazendo novas perspectivas.

À medida que se aprende a perceber esses sinais, os rituais com as fadas se tornam mais do que atos de reverência; eles se tornam colaborações, momentos em que as energias humanas e das fadas se entrelaçam. As fadas oferecem sua orientação, moldando a energia do ritual e imbuindo-o com a força e a sabedoria dos elementos. Com o tempo, os rituais passam de práticas estruturadas para expressões fluidas de conexão e gratidão, à medida que as fadas mostram àqueles que estão dispostos a ouvir como trabalhar com as energias elementais em harmonia, incorporando a beleza e a sabedoria do próprio equilíbrio da natureza.

A jornada de conexão com as fadas através das energias elementais não abre apenas os sentidos para reinos invisíveis; ela reacende uma relação esquecida com a terra, que nos lembra que somos parte do pulso da natureza, que também carregamos terra, água, fogo e ar dentro de nós. Através das fadas, aprendemos que a harmonia com a natureza não é um objetivo externo, mas um alinhamento interno, um processo de nos tornarmos sintonizados com o mundo e com o eu na mesma medida.

Assim, cada passo nesta jornada nos aproxima do núcleo da própria vida, um mistério melhor compreendido não pela compreensão, mas pelo sentimento. Ao acolher as energias elementais e as fadas que as canalizam, somos lembrados do poder silencioso em ceder à sabedoria da natureza, em encontrar o equilíbrio dentro de nós mesmos e no mundo ao nosso redor. Nesses momentos de alinhamento, a presença das fadas serve como uma garantia gentil, porém profunda, de que não estamos sozinhos, que existem aliados antigos entre nós que há muito protegem a beleza, o equilíbrio e o mistério da própria vida.

Capítulo 3
Conexão Espiritual

Além do sussurro das folhas, do murmúrio dos riachos e do calor do fogo, existe um reino acessível apenas àqueles que estão dispostos a olhar para dentro e cultivar um coração quieto e receptivo. Construir uma conexão espiritual com as fadas requer uma jornada interior, um tipo de exploração em que cada passo aproxima a pessoa dos mistérios do mundo exterior e das profundezas do eu. Para se conectar com esses seres etéreos, é preciso ir além da percepção, entrando em um reino de intenção, respeito e sintonização que só pode ser alcançado por meio de um alinhamento genuíno do espírito.

As fadas são seres perceptivos, sintonizados com as energias que permeiam seus arredores, incluindo as emoções e intenções daqueles que buscam sua companhia. Assim, a preparação para se conectar com as fadas começa não no ritual, mas na quietude e na presença. Ao nutrir um espírito de abertura e reverência, a pessoa se torna um vaso pronto para receber as comunicações sutis que as fadas oferecem. Esse processo requer um silenciamento da mente, permitindo que se ouça não com os ouvidos, mas com o espírito, para sentir além do corpo e na energia de cada momento.

A meditação serve como uma ferramenta vital na construção dessa conexão. Por meio da meditação, aprende-se a aquietar o ruído dos pensamentos cotidianos, criando uma quietude onde as energias das fadas podem ser sentidas. Uma prática simples, porém eficaz, é sentar-se em um espaço natural - uma floresta, um prado, perto de um corpo d'água - onde as fadas provavelmente habitam. Fechando os olhos e se concentrando na respiração, começa-se a mudar do mundo exterior para um espaço interior, deixando de lado a tagarelice mental e permitindo que a mente se acalme. A cada inspiração, a pessoa atrai a energia circundante e, a cada expiração, libera qualquer tensão ou expectativa, tornando-se um vaso de abertura. Nesse estado, as fadas podem sentir o convite, sentindo a intenção sincera do indivíduo de se conectar, aprender e respeitar sua presença.

Essa abertura é essencial, pois as fadas respondem à pureza do espírito e não a palavras ou ações externas. Assim como nos sentimos atraídos por pessoas que emitem bondade e sinceridade, as fadas gravitam em torno daqueles cujos corações estão abertos e respeitosos, cujas intenções estão livres de desejos egoístas. Neste reino de conexão espiritual, descobre-se que a linguagem das fadas é silenciosa, falada através do sentimento, da sensação e da intuição. As fadas podem responder a uma presença meditativa com sinais sutis - uma brisa suave que se agita em um momento inesperado, uma sensação de calor ou mesmo uma sensação inexplicável de companhia que paira no ar.

    A introspecção é outro aspecto valioso da construção de uma conexão espiritual com as fadas. Ao voltar-se para dentro e refletir sobre sua própria energia, pensamentos e emoções, aprende-se a abordar as fadas com um espírito claro e receptivo. As fadas geralmente espelham as energias que encontram; elas respondem não a demandas ou expectativas, mas a uma abertura humilde que se alinha com o próprio ritmo da natureza. Antes de tentar se conectar com as fadas, é aconselhável olhar para dentro, liberando quaisquer emoções ou pensamentos negativos que possam perturbar o delicado equilíbrio de energia. Definir uma intenção - seja gratidão, aprendizado ou simplesmente experimentar a presença - ancora a conexão, criando uma base espiritual sobre a qual as fadas podem se sentir confortáveis em se aproximar.

    Para aqueles que buscam fortalecer ainda mais esse vínculo, passar um tempo na natureza com atenção plena aprofunda a conexão com o ambiente e com as fadas que ali habitam. Caminhar pela floresta, sentir a terra sob os pés, observar os padrões intrincados das folhas e perceber o jogo de luz e sombra, cada um desses pequenos atos aproxima a pessoa do ritmo da natureza. Essa presença consciente sinaliza às fadas um respeito por seu mundo, convidando-as a se revelarem de maneiras sutis. Com o tempo, pode-se começar a sentir uma consciência intensificada das energias invisíveis, como se a floresta, a água ou o próprio céu estivessem vivos e observando. É nesses momentos silenciosos que a presença das fadas pode ser sentida de forma mais aguda.

Harmonizar-se com a energia das fadas também envolve cultivar um equilíbrio interior que ressoe com o mundo natural. Assim como a natureza segue ciclos de crescimento, decadência e renovação, as fadas são sensíveis a energias que são calmas, aterradas e alinhadas com esse ritmo. Práticas como exercícios de aterramento, respiração e visualizações da estabilidade da Terra ajudam a pessoa a ressoar com essas frequências. Uma técnica simples de aterramento envolve sentar-se na terra, visualizando raízes se estendendo do corpo para o solo, conectando-se com o pulso da terra abaixo. Esse aterramento não apenas ajuda a centralizar o espírito, mas também promove uma ressonância com a energia das fadas da terra, cuja essência está ligada à estabilidade e ao poder nutritivo da terra.

A respiração também é uma ponte que conecta o espírito humano com a energia das fadas. A respiração profunda e consciente traz a consciência da pessoa para o momento presente, acalmando o corpo e a mente. Cada respiração feita com intenção se torna um caminho para se conectar com o invisível, para se sintonizar com as energias sutis que o cercam. O ato de respirar se torna uma espécie de conversa, uma troca entre o indivíduo e as energias do mundo natural, sinalizando a presença e a abertura da pessoa para as fadas que podem estar por perto.

As fadas, no entanto, se revelam em seu próprio tempo. A paciência é essencial, pois a conexão não pode ser apressada ou forçada. Assim como se deve esperar que um botão floresça, também se deve permitir que a conexão com as fadas se desdobre organicamente. Elas podem aparecer como uma sensação passageira de energia, uma leveza que vai e vem, ou até mesmo um sussurro gentil que agita o coração com uma sensação de parentesco e confiança. Nesses momentos, sente-se que uma ponte foi cruzada, que o reino invisível das fadas se abriu para revelar sua presença, respondendo ao convite de um espírito quieto e aberto.

Quando as fadas optam por responder, podem oferecer sinais - símbolos que carregam significado apenas para quem os percebe. Uma pena, uma pequena pedra que chama a atenção ou o cheiro de flores carregado pela brisa podem ser maneiras pelas quais as fadas sinalizam seu reconhecimento. Esses sinais são sutis, destinados a inspirar reflexão em vez de oferecer respostas diretas. Eles lembram ao buscador que o caminho para a compreensão não é linear, que a verdadeira natureza da conexão com as fadas reside em experimentar o mistério e honrá-lo sem a necessidade de controle ou explicação.

Nesses momentos de conexão, também se pode sentir uma mudança interior, como se uma parte de si mesma tivesse despertado para uma verdade que sempre esteve lá, mas muitas vezes esquecida. As fadas, à sua maneira gentil, nos guiam para redescobrir nosso próprio espírito, para abraçar os espaços silenciosos dentro de nós e para reconhecer que nós também somos parte do grande projeto da natureza. Ao nos conectarmos com elas, entramos em um círculo de vida, um espaço compartilhado de energia e reverência que transcende as fronteiras entre o humano e o elemental, entre o físico e o espiritual.

À medida que esse vínculo se aprofunda, o relacionamento com as fadas se torna uma jornada de transformação interior, onde cada encontro é um espelho, refletindo a beleza e o mistério do mundo natural. A conexão muda de um simples ato de busca para uma dança profunda de energias, uma amizade entre seres cujos mundos estão interligados. A cada momento de presença, a cada ato silencioso de respeito, o véu entre os mundos se torna mais fino, revelando o sagrado no cotidiano, um lembrete de que a magia não está separada da vida, mas entrelaçada em seu tecido.

Assim, nesta comunhão gentil com as fadas, o buscador encontra não apenas a presença desses seres, mas um caminho para a autodescoberta, uma jornada onde as fronteiras entre a natureza e o espírito se dissolvem e a pessoa se torna totalmente imersa no ritmo eterno da vida.

À medida que a ponte para o reino das fadas se fortalece, também aumenta a capacidade de sentir e compreender as maneiras sutis pelas quais as fadas se comunicam. Sua linguagem não é de palavras faladas, mas de energia, emoção e sinais, entrelaçada no ritmo da natureza. Construir uma conexão espiritual com as fadas convida a pessoa a se envolver com técnicas mais profundas de visualização, sintonização sensorial e receptividade às mensagens ocultas no ambiente. Para aqueles que buscam um relacionamento mais próximo com esses seres, a jornada é de maior consciência e profunda confiança no invisível.

A visualização oferece uma maneira poderosa de preencher a lacuna entre os reinos. Ao aprender a ver além da realidade física e abrir o olho da mente, pode-se começar a perceber a presença das fadas em toda a sua sutileza luminosa. Uma prática para iniciar isso envolve sentar-se em um espaço natural tranquilo e fechar os olhos, permitindo que a mente visualize as energias elementais que cercam esse espaço. Visualize o brilho suave da energia da terra subindo do solo, o fluxo frio da energia da água nos riachos próximos, o calor bruxuleante do fogo na luz do sol ou nas chamas e as correntes de ar leves e espiraladas movendo-se através das folhas e galhos. À medida que a visualização se aprofunda, pode-se começar a sentir as fadas associadas a esses elementos, suas formas aparecendo como luzes suaves e mutáveis ou como sombras apenas no limite da percepção.

Essa prática de visualização não se trata de forçar uma imagem, mas de permitir que ela se revele naturalmente. Na presença de fadas, a imaginação se torna uma ponte, não de ilusão, mas de convite - um espaço onde o invisível pode se tornar conhecido. Essa jornada visual pode despertar uma visão intuitiva que torna mais fácil perceber as fadas mesmo quando os olhos estão abertos, à medida que o próprio mundo natural começa a revelar seus habitantes ocultos. Uma folha farfalhando, um brilho de luz ou um movimento inexplicável podem sugerir a presença de uma fada, sugerindo gentilmente que a visualização as convidou para mais perto.

Sintonizar-se com o ambiente também aumenta essa conexão. Cada elemento - a terra abaixo, a água fluindo, o fogo queimando e o ar ao redor - carrega a energia e a presença das fadas. Uma sensibilidade aumentada a esses elementos abre a porta para experimentar sua tutela em primeira mão. Uma maneira de se sintonizar é prestando muita atenção às mudanças no ambiente; uma quietude repentina, um som incomum ou até mesmo uma mudança na temperatura podem ser sinais de que uma fada está por perto. Ao observar e aceitar essas mudanças sem questioná-las ou analisá-las, a pessoa se alinha com o ritmo da natureza, permitindo que as fadas se comuniquem através das sutilezas do mundo físico.

As fadas geralmente se comunicam por meio de sinais, símbolos e sensações, suas mensagens ocultas no tecido da vida cotidiana. Esses sinais variam de acordo com o elemento ao qual a fada está alinhada. As fadas da terra podem revelar sua presença através da descoberta inesperada de uma bela pedra, uma pena ou uma flor rara. As fadas da água podem se manifestar como o som calmante da água corrente ou o aparecimento repentino de ondulações na água parada, enquanto as fadas do fogo podem se revelar através de uma sensação de calor ou uma faísca de luz. As fadas do ar, com sua natureza evasiva e delicada, podem ser sentidas através do movimento do vento ou até mesmo do suave sussurro das folhas. Reconhecer esses sinais é aprofundar a conexão com as fadas, interpretando suas comunicações sutis como se lesse uma linguagem antiga, cada símbolo carregando uma mensagem que só o coração pode realmente entender.

Para aprofundar a receptividade a essas mensagens, é essencial cultivar um estado de consciência aberta - um estado meditativo onde se ouve com todos os sentidos, permitindo que a intuição guie o caminho. Nesse estado, torna-se possível ouvir além dos sons comuns, sentir além das sensações comuns e perceber além da visão comum. Quanto mais se pratica esse estado, mais claras se tornam as mensagens das fadas, à medida que a mente libera o controle e permite que o espírito perceba.

Com o tempo, as fadas podem até oferecer uma resposta à sua presença por meio de sinais sutis de interação. Uma breve, mas intensa sensação de alegria, um calafrio repentino ou uma sensação de leveza podem sinalizar que uma fada está por perto, observando e reconhecendo a conexão. Às vezes, esses sinais podem carregar significados específicos - uma sensação de formigamento na pele pode ser a maneira de uma fada conceder permissão para entrar em um determinado espaço, enquanto um brilho quente sentido por dentro pode indicar a aceitação de suas intenções por uma fada. As fadas se revelam apenas para aqueles que são pacientes, gentis e de coração aberto, oferecendo essas respostas como gestos de confiança.

Além de sinais e símbolos, as fadas costumam se comunicar através do que alguns descrevem como "sussurros do coração". Não são palavras, mas uma forma de conhecimento interior ou intuição gentil que surge sem aviso prévio. Pode ser um desejo de explorar uma área específica, uma sensação de ser atraído por uma determinada árvore ou pedra, ou até mesmo uma sensação de calor e paz que preenche todo o seu ser. Esses sussurros são a maneira das fadas de guiar a pessoa por um caminho espiritual, convidando-a a explorar e experimentar a vida em um estado de constante admiração e abertura. Por meio dessa forma de comunicação, as fadas incentivam uma mudança de perspectiva, de ver a natureza como um mero pano de fundo para reconhecê-la como uma entidade viva e respirante, cheia de sabedoria e presença.

Para aqueles que desejam ir mais longe, práticas específicas podem ajudar a fortalecer essa comunicação. Uma dessas práticas envolve a criação de um "espaço de fadas" ou pequeno altar na natureza ou em casa - um lugar sagrado dedicado às fadas e aos elementos. Esse espaço pode conter pedras, penas, velas ou plantas, dispostos cuidadosamente como um gesto de respeito e gratidão. Passar um tempo neste espaço, falando suavemente com as fadas ou simplesmente sentando em silêncio, reforça a intenção de se conectar, criando uma ponte que torna mais fácil para as fadas revelarem sua presença. Com o tempo, pode-se notar que as energias neste espaço mudam e se transformam, um sinal de que as fadas aceitaram a oferenda e habitam o espaço com gratidão.

À medida que a conexão se aprofunda, a vida da pessoa se enche de encontros sutis, mas significativos, com as fadas. Elas aparecem não para deslumbrar ou entreter, mas para compartilhar sua sabedoria, para nos lembrar dos ciclos da natureza e para despertar um senso mais profundo de responsabilidade para com o mundo natural. Cada encontro nos ensina paciência, respeito e um senso de admiração que nos leva a ver a vida como uma jornada sagrada, enriquecida pela companhia desses seres atemporais.

Nesse vínculo aprofundado, as fadas se tornam mais do que guardiãs da natureza; elas são companheiras, guias e professoras, cada interação um passo na dança entre mundos. Elas oferecem um espelho para nossas próprias almas, mostrando-nos a beleza da simplicidade, a importância do equilíbrio e o poder transformador da presença. Através de seus ensinamentos, aprendemos a respeitar o silêncio da floresta, a sabedoria das águas correntes, o calor da chama e o sopro do vento. Cada um desses elementos se torna um caminho para a compreensão, cada fada um reflexo dos mistérios dentro e ao nosso redor.

A cada encontro, a linha entre humano e fada, visto e invisível, se esvai, deixando em seu lugar uma jornada compartilhada de descoberta e conexão - um lembrete de que, embora nossos mundos possam ser diferentes, eles estão unidos pelas mesmas forças, as mesmas energias, a mesma dança da vida que une todos os seres. Através da presença das fadas, somos atraídos cada vez mais para uma verdade mais profunda: que nos sussurros da natureza e nos espaços silenciosos do coração existe um mundo rico em sabedoria e maravilhas, um mundo que se abre apenas para aqueles que buscam com reverência, humildade e um espírito aberto.

Capítulo 4
Preparação para os Rituais

Adentrar o mundo dos rituais feéricos é honrar os aspectos visíveis e invisíveis do reino natural. Cada ritual começa não com palavras ou ações, mas com uma preparação intencional que cria harmonia entre o eu e as energias das fadas. Antes de convidar esses seres para qualquer prática, é essencial purificar o corpo e o espírito, criando um estado de abertura e prontidão para o trabalho sutil que se avizinha. Esta preparação é tão sagrada quanto o próprio ritual, estabelecendo a base sobre a qual as energias das fadas podem se conectar, comunicar e colaborar.

Para começar, deve-se realizar um processo de limpeza energética e mental. As fadas, sendo finamente sintonizadas com a energia, respondem mais prontamente a ambientes e indivíduos que refletem pureza e clareza. Um método prático para limpar a energia é usar ervas conhecidas por purificar e alinhar com os reinos feéricos, como lavanda, sálvia e alecrim. Acendendo um pequeno feixe de sálvia seca ou um ramo de lavanda, pode-se mover pelo espaço ritual, permitindo que a fumaça limpe qualquer energia estagnada, criando um ambiente onde as fadas se sintam bem-vindas e respeitadas. Ao fazer isso, concentre-se em liberar qualquer estresse ou distração, visualizando o espaço se enchendo com uma luz suave e acolhedora.

Os cristais também servem como poderosos aliados nesta fase de preparação, ressoando com as vibrações sutis que atraem as fadas. Ametista, quartzo transparente e quartzo rosa carregam energias suaves que as fadas reconhecem, cada pedra possuindo uma qualidade diferente que harmoniza com o ritual. A ametista, por exemplo, abre a intuição e estabelece a clareza espiritual, enquanto o quartzo transparente amplifica a energia da intenção, e o quartzo rosa nutre uma atmosfera de amor e gentileza. Ao colocar essas pedras no espaço ritual ou carregando uma como um talismã pessoal, alinha-se com as energias pelas quais as fadas são atraídas, sinalizando respeito e abertura.

Tão importante quanto o ambiente, é o estado de espírito. Uma breve meditação ou momento de introspecção antes de começar garante que quaisquer pensamentos, preocupações ou dúvidas persistentes sejam deixados de lado. Uma prática útil aqui é focar na respiração, visualizando cada inspiração como um fluxo suave de luz entrando no corpo e cada expiração como uma liberação de qualquer energia negativa ou desnecessária. À medida que a mente se acalma, surge uma sensação de clareza e paz, criando um estado mental e emocional que espelha a pureza do espaço ritual. Essa harmonia interna sinaliza prontidão para as fadas, permitindo que elas se sintam acolhidas por um espírito calmo e aterrado.

O uso de itens naturais prepara ainda mais o espaço e a si mesmo para a presença de fadas. Flores, folhas ou pequenos galhos de árvores carregam a essência da natureza dentro deles, convidando as fadas a se juntarem ao ritual. A seleção desses itens deve ser intencional, cada peça escolhida com cuidado e respeito, reconhecendo que cada flor, folha e pedra faz parte de um todo maior. Flores silvestres como margaridas, lírios e miosótis são particularmente conectadas às fadas, enquanto galhos de carvalho, sabugueiro e salgueiro são há muito tempo sagrados para esses seres. Organizar esses itens cuidadosamente no espaço ritual, ou usar uma coroa de flores ou uma guirlanda, aumenta a sensação de harmonia e cria uma atmosfera que parece natural e sagrada.

Uma vez que o espaço e o eu estão preparados, uma invocação dos elementos - terra, água, fogo e ar - estabelece ainda mais a base do ritual. Invocar as energias de cada elemento convida as fadas associadas a eles, ao mesmo tempo que cria um espaço equilibrado que se alinha com o mundo natural. Para invocar a terra, pode-se colocar uma pedra ou cristal no chão, tocando-o brevemente para sentir sua energia de aterramento. Para a água, uma pequena tigela de água fresca pode ser colocada nas proximidades, simbolizando o fluxo de emoções e intuição. Uma vela pode servir como a representação do fogo, adicionando calor e um brilho suave ao espaço, enquanto uma pena ou um incenso homenageia o ar, preenchendo o espaço com movimento suave ou fumaça perfumada. Este simples ato de homenagear os elementos convida as fadas a se juntarem, unindo os reinos físico e energético em preparação para o ritual.

À medida que esses preparativos são concluídos, um ato final solidifica o alinhamento: definir uma intenção. As fadas ressoam com propósito e clareza; elas respondem a intenções que são sinceras e sintonizadas com os valores da natureza, gentileza e equilíbrio. Falando em voz alta ou silenciosamente por dentro, pode-se declarar o propósito do ritual - uma frase simples que encapsula o coração da prática. Seja para cura, gratidão, proteção ou orientação, declarar a intenção completa os preparativos, sinalizando tanto para si mesmo quanto para as fadas a prontidão para seguir em frente.

O efeito dessa preparação se estende além do ritual, tecendo uma conexão sutil entre o buscador e o reino feérico. As fadas reconhecem o respeito e o cuidado tomados na criação deste ambiente e respondem emprestando sua energia, alinhando-se com a intenção e o propósito da prática. O espaço ritual se torna uma ponte, um ponto de encontro onde humanos e fadas podem coexistir, interagir e trabalhar em harmonia.

Através desses atos de preparação, descobre-se que o sucesso do ritual não está em grandes gestos, mas nos detalhes silenciosos e intencionais. Cada passo, cada elemento escolhido e organizado, é um gesto de reverência, um reconhecimento de que o caminho para a conexão com as fadas é de paciência, respeito e sintonia com o ritmo suave da natureza. A base é, portanto, lançada para uma prática que é tanto uma jornada para dentro quanto um convite para fora, criando um espaço onde as fadas se sentem honradas e inspiradas a compartilhar sua sabedoria.

À medida que o buscador se aprofunda na preparação do ritual, o ato se torna não apenas uma forma de honrar as fadas, mas também um meio poderoso de alinhar a própria energia com a essência do mundo natural. As fadas são seres sensíveis e respondem mais prontamente a espaços que vibram com cuidado e respeito intencionais. Assim, cada ato de preparação serve tanto como uma oferenda a esses seres quanto como um convite para sua presença. Nesta parte da jornada, passamos da criação de um ambiente acolhedor para o refinamento desse espaço, consagrando objetos e estabelecendo um altar dedicado onde as fadas podem se sentir verdadeiramente em casa.

O altar, seja instalado em um espaço natural ao ar livre ou em um canto tranquilo dentro de casa, é um ponto central de foco e conexão. Um pano cuidadosamente escolhido ou uma superfície natural, como madeira ou pedra, pode servir como base, aterrando o altar no elemento terra. Cada item colocado sobre o altar carrega sua própria energia, criando um universo em miniatura que espelha a harmonia da natureza. Pequenas tigelas cheias de terra, água ou sal homenageiam as fadas elementais, enquanto flores, folhas, cristais e velas oferecem beleza simbólica que as fadas podem reconhecer e apreciar.

O ato de consagrar o altar e seus objetos infunde o espaço com propósito. A consagração é mais do que um ritual - é um voto de respeito, uma declaração de intenção que transforma itens comuns em vasos de energia espiritual. Para consagrar, pode-se tocar levemente em cada item do altar, imbuindo-o com uma intenção específica ao seu papel. Por exemplo, um cristal pode ser consagrado para amplificar a energia, uma vela para incorporar a iluminação e uma flor para representar a beleza e sabedoria inerentes à natureza. Cada toque é uma promessa silenciosa de honrar a presença das fadas, de tratar cada elemento como uma conexão sagrada com o mundo invisível.

Programar esses objetos aprofunda o alinhamento, permitindo que cada peça contenha uma energia ou propósito específico que apóia os objetivos do ritual. Os cristais, em particular, respondem bem à programação, sua estrutura naturalmente retendo energia e intenção. Ao segurar um cristal e definir uma intenção específica - como clareza, proteção ou compaixão - pode-se imbuí-lo com um propósito que ressoa com os objetivos do ritual. Este cristal carregado então se torna um ponto focal no altar, um farol que atrai e estabiliza a energia feérica, formando uma ponte entre os reinos. Da mesma forma, outros objetos podem ser programados para harmonia, proteção ou gratidão, cada um cuidadosamente escolhido para refletir um aspecto da conexão desejada com as fadas.

Para manter um altar que permanece energeticamente vibrante, a atenção regular é essencial. Assim como a natureza prospera com cuidados gentis, o altar também se beneficia de cuidados atentos. Limpar e reorganizar o espaço periodicamente renova sua energia, garantindo que ele não fique estagnado. Borrifar água ou colocar flores frescas no altar o refresca, enquanto acender uma vela ou incenso convida calor e movimento. Esses atos são simples, mas significativos, cada um sinalizando para as fadas que este é um espaço dedicado e vivo onde sua presença é honrada e valorizada.

Uma vez que o altar está preparado, selecionar o momento ideal para o ritual se torna a peça final da preparação. O momento de um ritual tem significado, pois os ciclos naturais e os padrões celestiais afetam as energias presentes. Alinhar um ritual com as fases da lua ou horários específicos do dia aumenta a conexão, dando poder adicional à prática. Por exemplo, rituais realizados ao amanhecer ou ao anoitecer se alinham com os próprios ritmos das fadas, pois elas são frequentemente mais ativas durante esses tempos de transição. Da mesma forma, certas fases da lua ressoam com diferentes tipos de energia feérica: a lua cheia para abundância, a lua nova para novos começos e a lua minguante para liberação.

Além da preparação física, entrar em um estado de presença e aterramento ancora o praticante firmemente dentro do espaço. Uma prática de aterramento simples, como visualizar raízes se estendendo dos pés até a terra, ajuda a criar uma base estável. Neste estado, a mente se torna calma, o espírito aberto e a energia harmoniosa, pronta para receber e interagir com o reino feérico. As fadas, sentindo esse alinhamento intencional, são atraídas não apenas pelos preparativos físicos, mas também pela energia consciente do praticante. Desta forma, toda a preparação se torna uma oferenda sagrada, uma porta de entrada que acolhe as fadas para se juntarem ao ritual em unidade e confiança.

Ao alinhar o ritual com a intenção e os próprios ritmos da natureza, o praticante entra em uma dança com as fadas, onde cada movimento e cada gesto reverberam com um propósito. O altar, cuidadosamente organizado e consagrado, torna-se um portal, um espaço energético onde humanos e fadas podem se encontrar. Cada objeto sobre ele carrega a intenção estabelecida, cada símbolo um ponto de conexão com o invisível. À medida que o praticante fica diante deste altar, aterrado e alinhado com os ritmos naturais, o limite entre os mundos se suaviza, criando um espaço onde a comunicação com as fadas flui perfeitamente.

Nestes momentos, os preparativos revelam seu significado mais profundo - não são meros atos realizados para impressionar ou apaziguar, mas gestos profundos de respeito e harmonia. As fadas, percebendo a sinceridade nesses preparativos, respondem não apenas com presença, mas com um propósito compartilhado, entrando no espaço como aliadas, guias e professoras. Todo o ritual, nascido dessa preparação, torna-sc uma dança de energias, um momento onde os limites entre humanos e fadas se dissolvem em respeito compartilhado pela sacralidade da natureza.

À medida que a conexão com as fadas se aprofunda por meio dessa preparação dedicada, o relacionamento se transforma em uma verdadeira parceria. O espaço ritual, carregado de energia intencional e alinhado com os ciclos da natureza, torna-se um lugar de criação compartilhada, onde fadas e humanos trabalham juntos. E por meio dessa colaboração, o praticante começa a ver o ritual não como um mero ato, mas como uma prática viva, que reflete o fluxo harmonioso da própria vida - um lembrete de que, ao honrar as fadas, também honramos a interconexão de todos os seres.

Capítulo 5
Invocação de Fadas

Invocar fadas é entrar em um reino de comunicação intencional, um ato delicado e profundo que convida esses seres elementais a se juntarem ao ritual. Ao contrário das interações humanas, invocar fadas requer uma abordagem intuitiva, onde as palavras carregam não apenas significados, mas vibrações alinhadas com respeito e clareza. As fadas respondem à pureza da intenção e àqueles que as abordam com humildade, honrando sua antiga presença como guardiãs do mistério da natureza. Esta invocação não é uma exigência; é um pedido gentil, uma chamada respeitosa que abre um canal entre os reinos, convidando as fadas a compartilhar sua sabedoria e energia.

Antes de proferir as palavras de invocação, é essencial aquietar a mente e definir uma intenção clara. As fadas são perceptivas, sensíveis às emoções e energias subjacentes entrelaçadas no ritual. Elas respondem àqueles que vêm não apenas por curiosidade, mas por um desejo genuíno de se conectar, aprender e trabalhar em harmonia com as forças da natureza. Assim, preparar-se com atenção plena garante que a invocação ressoe profundamente, tornando-se um farol que as fadas podem sentir e confiar.

Uma frase ou conjunto de palavras escolhido para invocação deve ser simples, mas intencional, elaborado para honrar as fadas enquanto expressa o propósito do ritual. Frases como: "Guardiões do mundo natural, espíritos da terra, água, fogo e ar, eu convido sua presença em paz e harmonia", servem como uma chamada aberta e humilde. Essas palavras não comandam; elas gentilmente abrem uma porta, sinalizando para as fadas que sua presença é convidada e apreciada. Pode-se também personalizar a invocação com base no elemento associado às fadas que estão sendo chamadas, reconhecendo suas qualidades e papéis únicos. Uma invocação às fadas da terra, por exemplo, pode fazer referência à sua força e natureza de aterramento, enquanto uma chamada às fadas da água pode convidar sua presença calmante e fluida.

Embora as palavras tenham peso, a energia por trás delas é igualmente essencial. Falar com o coração e permitir que cada palavra carregue sinceridade imbui a invocação com uma frequência pela qual as fadas são atraídas. Ao falar, é útil focar não apenas nas palavras em si, mas nos sentimentos que elas evocam - sentimentos de gratidão, respeito e admiração. Essas emoções, quando entrelaçadas na invocação, criam uma vibração que as fadas reconhecem como genuína, convidando-as a responder da mesma forma.

Uma vez que a invocação é proferida, o silêncio segue, criando espaço para que a presença das fadas se revele. Esta pausa é uma parte vital da invocação, pois sinaliza abertura para receber em vez de controlar o resultado. Neste silêncio, a mente permanece quieta, o coração receptivo, sintonizando-se com quaisquer mudanças sutis na energia que possam indicar uma resposta. Um calor repentino, uma sensação de leveza ou um som inesperado podem ser sinais de que as fadas se aproximaram, reconhecendo o convite com sua presença. Paciência aqui é essencial; as fadas não respondem à urgência, mas à calma, consciência centralizada, e muitas vezes se manifestam de maneiras delicadas e fugazes.

Além da invocação falada, pequenos gestos podem reforçar a sinceridade da chamada. Acender uma vela, oferecer uma flor ou colocar algumas gotas de água no chão adiciona um componente físico ao convite, aterrando a intenção em ação. As fadas reconhecem esses gestos como sinais de respeito, apreciando o tempo e o cuidado tomados para criar um ambiente harmonioso para a conexão. A chama de uma vela, simbolizando o calor e a vitalidade do reino feérico, torna-se um ponto focal para a invocação, uma representação pequena, mas potente, da energia compartilhada entre humanos e fadas.

À medida que a invocação toma forma, aterrar-se no espaço ritual aumenta a estabilidade da conexão. Visualizar raízes se estendendo do corpo para a terra cria uma base estável, aterrando a energia do praticante e ancorando a invocação na própria natureza. Esta prática de aterramento não apenas centra o eu, mas também reflete a estabilidade que as fadas associam àqueles que trabalham respeitosamente com a natureza. Ao alinhar a própria energia com a terra, a invocação ressoa mais profundamente, amplificando a chamada e criando um espaço seguro e harmonioso que acolhe a presença das fadas.

Ao longo da invocação, é essencial manter um espírito de humildade. Invocar fadas não é um ato de controle; é uma chamada cooperativa, um convite que reconhece as fadas como seres antigos e sábios. Essa mentalidade transforma a invocação de um mero pedido em um ato sagrado de alinhamento, um reconhecimento de que as fadas, como guardiãs da natureza, escolhem responder apenas àqueles que as abordam com reverência. Manter esse respeito no coração fortalece o vínculo, pois as fadas são naturalmente atraídas por indivíduos que honram seu papel dentro do ciclo maior da vida.

Ao completar a invocação, um sentimento de gratidão serve como a palavra final e silenciosa. A gratidão reconhece tanto a possibilidade de conexão quanto a presença das fadas, mesmo que elas escolham não aparecer de maneiras tangíveis. Expressar agradecimento no final da invocação, em voz alta ou internamente, significa que o praticante valoriza a sabedoria e a energia das fadas, independentemente da forma que sua resposta tome. Esta gratidão forma um fechamento gentil, uma homenagem à autonomia das fadas e uma apreciação por sua orientação potencial.

A invocação, embora simples, é profunda. É um ato silencioso de fé, um estender a mão através da fronteira entre os reinos com as mãos abertas e o coração aberto. As fadas, percebendo a pureza desta chamada, podem se aproximar, formando uma parceria que dá vida ao ritual e o infunde com uma energia sagrada que só pode surgir quando humanos e fadas se unem em harmonia. Através desse ato, percebe-se que a invocação não é simplesmente um ritual - é uma dança compartilhada de intenção e presença, um convite para entrar no mundo atemporal das fadas.

Uma vez que a porta para o reino feérico foi respeitosamente aberta, a invocação se aprofunda. Cada tipo de fada tem sua própria ressonância, respondendo a diferentes palavras, tons e ritmos que as convocam de seus respectivos elementos. Para cultivar uma conexão harmoniosa e duradoura, os praticantes podem recorrer a cantos, mantras ou melodias suaves específicos que são finamente sintonizados com as frequências de cada tipo de fada. Esses sons sagrados vão além de meras palavras, tocando a essência do próprio elemento, despertando uma presença que está além da visão.

Ao invocar fadas da terra, o tom do canto é lento, constante e rítmico, espelhando a energia de aterramento que elas incorporam. Palavras simples, ditas com intenção e repetição, criam uma vibração que ecoa pelo corpo e pela terra, formando um caminho para as fadas da terra se aproximarem. Um canto suave e baixo como "Enraizadas na terra, fortes e sábias, guardiãs da pedra e do solo, eu honro sua presença" carrega uma energia que ressoa profundamente. As palavras são secundárias à sensação que inspiram; é a pulsação constante da voz, como a batida de um tambor ou o farfalhar das folhas, que atrai as fadas da terra para o espaço, convidando-as a se juntar ao ritual com sua presença firme e aterradora.

Para as fadas da água, que respondem à fluidez e graça, a invocação assume uma qualidade melódica, quase sussurrante, como se fosse carregada por um riacho suave. As fadas da água são atraídas pela suavidade, um tom gentil que espelha o fluxo da água. Cantar em um ritmo lento e ondulado cria uma energia calmante que as convida a emergir. Palavras como "Fluxo da vida, puro e verdadeiro, fadas dos rios, lagos e mares, eu invoco sua essência" podem ser ditas de uma forma que pareça a vazante e o fluxo de um rio, permitindo que o ritmo se mova naturalmente. As fadas da água respondem ao convite com sinais sutis - talvez uma brisa fresca, um fio de água fraco por perto ou uma sensação inconfundível de fluidez envolvendo o espaço.

A invocação para as fadas do fogo carrega um tom mais vivo e energético. As fadas do fogo respondem à paixão, intensidade e calor, e ressoam com um canto claro e focado que inflama o ritual com uma energia vibrante. Um mantra como "Cintilação da chama, faísca de luz, fadas do fogo, eu honro seu poder" é dito com confiança e foco, cada palavra carregando um toque de poder. As fadas do fogo respondem a essa intensidade, muitas vezes revelando sua presença através de um aumento repentino de calor, da cintilação da chama de uma vela ou de uma sensação de excitação e movimento dentro do espaço. Através desta invocação ardente, invoca-se as fadas da transformação, convidando-as a trazer sua luz e vitalidade para o ritual.

Para as fadas do ar, a invocação deve ser leve, rápida e fluida, refletindo sua natureza etérea. Um canto para convidá-las pode ser mais um sussurro do que uma palavra falada, uma respiração que captura a liberdade do céu aberto. "Vento e brisa, puros e livres, fadas do ar, venham dançar comigo" convida essas fadas com uma sensação de brincadeira e abertura. As fadas do ar são atraídas por uma sensação de facilidade e fluidez, respondendo a um tom que parece tão leve quanto o próprio vento. Sua presença pode ser sentida como uma brisa suave repentina, uma sensação de expansividade ou até mesmo um som suave e fugaz que agita o ar.

    Cada invocação, embora única para o elemento, compartilha uma qualidade subjacente de respeito e abertura. As palavras e tons escolhidos são elaborados não para exigir, mas para acolher, reconhecendo as fadas como aliadas e amigas em vez de servas. Ao escolher palavras que honram suas qualidades, cultiva-se um espírito de parceria, um momento compartilhado onde as energias humanas e feéricas se alinham. Esse respeito mútuo é a chave para uma invocação bem-sucedida; as fadas são sensíveis à intenção e respondem àqueles que as abordam com um senso genuíno de reverência.

    Uma vez que a invocação foi expressa, manter um estado mental focado é essencial para aprofundar a conexão. As fadas são naturalmente atraídas por aqueles que estão presentes no momento, centrados em si mesmos e abertos às energias sutis ao seu redor. Para aumentar esse foco, pode-se praticar a visualização, imaginando a presença das fadas como formas brilhantes ao redor do espaço ritual, cada uma incorporando a essência de seu elemento. Visualizando o calor do fogo, a frieza da água, o aterramento da terra e a leveza do ar, começa-se a sentir uma mudança na atmosfera, uma garantia silenciosa de que as fadas estão próximas.

Em momentos de forte sintonia, pode-se descobrir que as fadas respondem de maneiras que parecem quase conversacionais. A cintilação de uma vela, o farfalhar das folhas ou uma mudança sutil no ar podem ser sua maneira de reconhecer a invocação. Prestar muita atenção a esses sinais reforça a conexão, pois as fadas costumam se comunicar por meio de sensações e símbolos em vez de palavras. Uma faísca na vela pode sugerir sua presença, enquanto uma brisa repentina pode indicar sua aprovação. Esses sinais, embora sutis, aprofundam o relacionamento, criando um diálogo silencioso onde as energias feéricas e humanas são compartilhadas.

À medida que a invocação chega ao fim natural, é essencial oferecer gratidão, tanto em espírito quanto em palavras. As fadas ressoam com aqueles que honram sua presença, e uma simples expressão de agradecimento, falada ou silenciosa, serve como um poderoso reconhecimento da conexão formada. Uma frase como "Obrigado, espíritos da terra, água, fogo e ar, por sua presença e orientação" completa a invocação, permitindo que as energias se acalmem. Esta gratidão forma um encerramento respeitoso, sinalizando para as fadas que sua presença é apreciada, quer escolham permanecer ou retornar ao seu reino.

Através dessas invocações, aprende-se que a essência da conexão com as fadas está no equilíbrio e no respeito. Cada canto, cada palavra, é uma nota em uma canção que une mundos, ressoando com um ritmo atemporal que as fadas reconhecem instintivamente. A invocação se torna uma arte, uma prática consciente onde cada som, cada intenção, se alinha com os elementos, criando um canal através do qual fadas e humanos podem se comunicar. Essa conexão, uma vez estabelecida, serve como base para a jornada que temos pela frente, cada invocação um passo adiante no mundo misterioso e harmonioso das fadas.

Capítulo 6
Ritual de Cura

Dentro da presença etérea das fadas reside um poderoso dom - uma energia de cura que, quando canalizada cuidadosamente, pode restaurar o equilíbrio do corpo e do espírito. As fadas, sintonizadas com os ciclos e ritmos da natureza, incorporam a sabedoria da renovação e transformação. Realizar um ritual de cura com sua assistência é convidar essas forças gentis a fluir para espaços de desequilíbrio, liberando tensões, acalmando emoções e promovendo a harmonia interior. No entanto, como em todo trabalho com fadas, a cura através delas requer preparação cuidadosa, abertura e um espírito sintonizado com os ciclos da natureza.

O primeiro passo em um ritual de cura com fadas é estabelecer um espaço que acolha este trabalho. Como as fadas respondem a ambientes de harmonia e pureza, o espaço ritual deve refletir essas qualidades. Pode-se começar limpando a área com ervas como sálvia, cedro ou lavanda, criando uma atmosfera que convida a energia das fadas a entrar livremente. A água também desempenha um papel nesta preparação, pois uma tigela de água fresca colocada no espaço ritual serve como um espelho, refletindo a intenção de clareza e pureza. Esses elementos alinham o espaço com o reino das fadas, formando um santuário onde sua energia de cura pode fluir sem obstrução.

Para canalizar a cura das fadas, o praticante também deve se preparar internamente, centralizando a mente e acalmando o coração. Isso pode ser alcançado através de um simples exercício de aterramento. Visualizando raízes que se estendem dos pés até a terra, o praticante se apoia na estabilidade e força de aterramento da terra. Ao respirar, sente a energia da terra subir pelo corpo, ancorando o espírito no momento presente. Este estado de aterramento é essencial, pois as energias de cura das fadas respondem melhor a um praticante que está totalmente presente, livre da atração de pensamentos dispersos ou distrações.

Com o espaço e o eu preparados, a próxima fase é convidar as energias específicas das fadas associadas à cura. As fadas da terra, com sua essência nutritiva, são frequentemente invocadas para a cura física, pois sua conexão com o solo, as plantas e as pedras se alinha com a própria necessidade de força e resiliência do corpo. As fadas da água, cuja energia flui com intuição e emoção, são ideais para a cura emocional, acalmando sentimentos profundos e liberando velhas feridas. Convidar essas fadas para o ritual é feito com uma invocação gentil, proferida com gratidão e clareza. Palavras como: "Fadas da terra e da água, convido sua presença curadora para se juntar a mim, para trazer paz, força e renovação" oferecem um chamado respeitoso, definindo a intenção para sua ajuda.

O praticante, tendo criado um espaço aterrado e acolhedor, então inicia o ritual sintonizando-se com sua própria energia. Colocando as mãos sobre o coração ou em áreas do corpo onde a cura é desejada, o praticante convida as fadas a canalizar seu poder restaurador. Concentrando-se na sensação de calor ou um formigamento suave, o praticante se abre para a possibilidade da presença das fadas, sentindo sua energia como um brilho suave, um peso reconfortante ou uma sensação de alívio e calma. Visualizando essa energia como uma luz verde ou azul, o praticante a imagina fluindo pelo corpo, dissolvendo a tensão, liberando a dor e restaurando o equilíbrio. Essa visualização fortalece o vínculo com as fadas, à medida que sua energia de cura é atraída para o alinhamento com os ritmos naturais do corpo.

Ao trabalhar com a energia de cura das fadas, o papel das plantas e ervas assume um significado particular. Ervas como camomila, hortelã-pimenta e pétalas de rosa são conhecidas por suas propriedades calmantes e rejuvenescedoras, e seu uso no ritual amplifica a conexão com as fadas da terra. O praticante pode colocar essas ervas ao redor do espaço ritual, queimá-las como incenso ou preparar um chá para beber antes do início do ritual. Cada erva, escolhida com intenção, carrega uma frequência única que as fadas reconhecem, aprofundando a ressonância entre fada e humano. As fadas da terra e da água, sentindo a presença dessas plantas, se aproximam, emprestando sua energia de cura em harmonia com a própria medicina da natureza.

À medida que o ritual se desenrola, o praticante também pode incorporar toque, movimento suave ou respiração para guiar a energia de cura por todo o corpo. Cada respiração se torna um canal, atraindo a essência das fadas e circulando-a para as áreas necessitadas. Uma técnica conhecida como "respiração de fada" envolve inalar lentamente, imaginando a respiração como uma onda de luz que espalha calor e facilidade a cada expiração. Essa respiração não apenas aumenta a energia de cura, mas também reforça a sensação de unidade com as fadas, cuja presença é frequentemente sentida através de mudanças no ar, temperatura ou sons sutis.

Ao longo do ritual, é essencial manter um senso de abertura e confiança na orientação das fadas. Curar com fadas é um processo intuitivo, que se desenrola naturalmente sem força. As fadas podem levar o praticante a mover as mãos para diferentes áreas, fazer uma pausa na quietude ou fechar os olhos e simplesmente ouvir. Ao confiar nesses impulsos, o praticante permite que as fadas guiem o fluxo de energia, moldando o ritual para corresponder à sua sabedoria e percepção.

Encerrar o ritual envolve um gesto de gratidão, reconhecendo tanto as fadas quanto a energia de cura que foi compartilhada. Essa gratidão pode ser expressa com uma frase simples: "Obrigado, fadas da terra e da água, por sua presença e cura". Pode-se também deixar uma pequena oferenda - pétalas de flores, uma pedra ou algumas gotas de água - devolvendo um símbolo de apreço à natureza. Esse ato de gratidão completa o ciclo de energia, afirmando que a cura é um dom compartilhado, que honra tanto o doador quanto o receptor.

No silêncio gentil que se segue, o praticante pode descobrir que a energia das fadas permanece, uma garantia silenciosa de sua presença contínua. Essa experiência de cura com fadas serve como um lembrete da resiliência da natureza, da capacidade do corpo de se curar em harmonia com o mundo natural. Através deste ritual, o praticante não apenas recebeu a ajuda das fadas, mas aprofundou uma conexão que continua a nutrir e apoiar muito depois do término do ritual.

Assim, o ritual de cura se torna uma troca sagrada, uma parceria entre humano e fada, onde energia, intenção e respeito criam um espaço para profunda transformação. Cada passo, da preparação à gratidão, reflete a compreensão de que a cura flui melhor quando se alinha com os ciclos e espíritos da natureza. Nessa jornada compartilhada, as energias das fadas e dos humanos se misturam, revelando que a verdadeira cura é um equilíbrio entre corpo, espírito e as forças invisíveis que nos sustentam a cada momento.

À medida que as etapas iniciais do ritual de cura se desenrolam, as energias se aprofundam, tecendo a presença das fadas com as intenções do praticante. A energia dentro do espaço se torna viva, receptiva e pronta para apoiar o corpo e o espírito através de canais mais profundos de renovação. Aqui, o ritual se expande de seus estágios iniciais para um ato profundo de comunhão com as fadas, onde a visualização e as técnicas de respiração guiam a energia e abrem um caminho para a cura profunda.

Nesta fase, a visualização se torna uma ponte ativa, focando a mente e o espírito na energia das fadas agora presente. O praticante pode começar imaginando uma luz suave e luminosa envolvendo-o - uma luz que ressoa com a cor dos elementos que estão sendo canalizados para a cura. As fadas da terra podem se manifestar como um brilho verde quente ou marrom terroso, simbolizando estabilidade e força fundamentadas, enquanto as fadas da água trazem tons de azul ou prata, representando equilíbrio emocional e fluidez. Essa luz forma um casulo, uma esfera energética que envolve e protege, cercando o praticante com a presença de apoio e cura das fadas.

À medida que essa visualização se fortalece, o praticante pode sentir mudanças sutis na sensação - um calor interior, um formigamento ou uma profunda sensação de calma. Essas são indicações de que a energia das fadas está começando a interagir com o próprio sistema energético do corpo, alinhando-se e sintonizando-se com áreas de tensão, fadiga ou desequilíbrio. Nesse estado, o praticante se abre totalmente, permitindo que a energia de cura se mova para onde é mais necessária, seja para uma parte específica do corpo, um bloqueio emocional ou um sentimento geral de estresse. Cada sensação é recebida sem resistência, pois as fadas, sensíveis à energia de aceitação, canalizam sua cura mais prontamente quando o espírito está aberto e receptivo.

A respiração aumenta ainda mais essa conexão, agindo como um ritmo que guia e estabiliza a energia interior. Cada inspiração atrai a essência das fadas, preenchendo o praticante com uma sensação renovada de vitalidade, enquanto cada expiração libera o que não é mais necessário, criando espaço para que a cura se enraíze. Uma técnica conhecida como "respiração elemental" pode aprofundar essa prática. Na respiração elemental, o praticante visualiza a inalação através das cores associadas aos elementos das fadas - respirando verde para terra, azul para água, vermelho para fogo ou branco para ar - e sentindo a energia correspondente entrar e fluir pelo corpo. A cada respiração, a energia das fadas se alinha mais intimamente, apoiando os ciclos naturais de equilíbrio e liberação do corpo.

À medida que essa respiração continua, o praticante pode experimentar flashes de insight ou sentimentos vindo à tona. Na cura com fadas, a energia emocional geralmente emerge de maneiras sutis, pois as fadas encorajam a liberação suave de velhas memórias, emoções ou padrões que não servem mais ao bem-estar. Nesses momentos, a energia pode parecer reconfortante e reveladora, como se guiada por uma presença sábia que sabe exatamente onde a cura é mais necessária. As fadas, sempre sintonizadas com as sutilezas da alma, guiam esse processo, convidando o praticante a reconhecer e liberar gentilmente essas velhas energias.

Para ancorar essa energia, o praticante pode se envolver em movimentos suaves, tocando áreas do corpo que parecem tensas ou bloqueadas, reconhecendo-as com compaixão. Ao colocar as mãos sobre o coração ou sobre o abdômen, por exemplo, o praticante cria um ponto adicional de foco, sinalizando para as fadas onde a cura é pretendida. Esse contato físico, combinado com a energia das fadas, aumenta o efeito do ritual, formando um lembrete tátil de que a cura abrange os corpos físico e energético.

À medida que as energias de cura se aprofundam, os sinais de resposta das fadas podem se tornar aparentes. Pode-se sentir uma quietude repentina, como se o próprio ar estivesse prendendo a respiração, ou uma leve mudança na luz, como se as próprias fadas estivessem reconhecendo o alinhamento alcançado. Essas são mensagens sutis, sinais de que as fadas reconhecem a conexão e que sua presença curadora flui em sincronia com a energia do praticante. Embora as fadas raramente se comuniquem de forma direta, essas mudanças delicadas significam sua aprovação e engajamento, uma confirmação de que o ritual está em equilíbrio com o mundo natural.

Encerrar o ritual com respeito e gratidão é tão essencial quanto a própria invocação. À medida que o processo de cura atinge uma conclusão natural, o praticante pode visualizar a energia das fadas sendo liberada suavemente, agradecendo pela presença e ajuda desses seres. Uma frase suave, como "Obrigado, fadas da cura e do equilíbrio, por seu dom e orientação", serve como reconhecimento e despedida. Para honrar seu apoio, uma pequena oferenda pode ser colocada no altar ou deixada ao ar livre - algumas flores, um cristal ou uma pitada de ervas frescas - como um gesto de reciprocidade.

Uma visualização final encerra o ritual, selando a energia de cura interiormente. O praticante pode imaginar a luz que o rodeia se fundindo lentamente em sua própria aura, tornando-se parte de seu campo de energia pessoal, carregando a energia das fadas mesmo quando as próprias fadas se retiram. Essa visualização solidifica a cura recebida, incentivando-a a se integrar ao corpo e ao espírito, aumentando os efeitos duradouros do ritual. O espaço retorna gradualmente a um estado de calma e paz, preenchido com uma sensação de conclusão e renovação.

Nos dias seguintes, pode-se notar mudanças sutis no bem-estar - uma sensação renovada de calma, facilidade física ou até mesmo uma leveza emocional que emerge gradualmente. Essa é a energia das fadas continuando seu trabalho, um lembrete gentil de que a cura não se limita a um único momento, mas é uma jornada contínua. As fadas, com sua conexão com os ciclos da natureza, entendem que a cura ocorre em fases, desdobrando-se em silêncio, assim como as sementes brotam e crescem com o tempo. Esse efeito prolongado serve como um testemunho do vínculo formado no ritual, uma bênção contínua que as fadas deixam para trás, apoiando o praticante muito depois do término do ritual.

Através deste ritual, experimenta-se não apenas o toque de cura das fadas, mas também um lembrete profundo da sabedoria e gentileza inerentes à natureza. O ritual de cura se torna mais do que um momento de alívio; ele se transforma em um relacionamento vivo com as fadas, um caminho onde o praticante e a fada compartilham o ciclo sagrado de crescimento, liberação e renovação. Nessa comunhão, as fronteiras entre humano e fada, curador e curado, começam a se dissolver, deixando uma harmonia profunda e duradoura que ressoa no espírito e na natureza.

Capítulo 7
Ritual de Proteção

Convidar as fadas para o papel de protetoras é invocar energias que guardam, nutrem e mantêm o equilíbrio sagrado dentro do espaço e do espírito de alguém. As fadas, sempre sensíveis às necessidades do mundo natural, trazem sua própria sabedoria e energia para a criação de barreiras protetoras que protegem contra forças perturbadoras. Ao invocar sua orientação, o praticante se alinha não apenas com a força das fadas, mas também com as energias sutis da natureza que reforçam os limites nos reinos visíveis e invisíveis. O ritual de proteção com fadas serve como um escudo, uma forma de criar harmonia convidando sua presença vigilante para afastar a negatividade.

As etapas iniciais de um ritual de proteção começam, como sempre, com a preparação intencional do praticante e do ambiente. O espaço deve ser cuidadosamente limpo e centralizado, livre de distrações ou energias remanescentes que possam afetar a clareza do ritual. Ervas com qualidades protetoras - como alecrim, sálvia ou manjericão - são excelentes aliadas nesta fase, e sua fumaça ou aroma purificam o ar, criando um ambiente que convida apenas energias positivas e equilibradas. As fadas são atraídas por espaços que ressoam com clareza, e essa limpeza garante que as energias no espaço ritual sejam harmoniosas, aterrando a área como um santuário.

A escolha de itens simbólicos para proteção é um componente essencial do ritual. Cristais, símbolos e plantas específicas atuam como lembretes físicos da presença das fadas e canais através dos quais sua energia protetora pode fluir. A turmalina negra, por exemplo, há muito é valorizada por suas propriedades de aterramento e proteção, tornando-se um cristal favorito nos rituais de proteção de fadas. Ao colocá-la perto de portas ou janelas ou segurá-la na mão durante o ritual, estabelece-se um limite que fortalece o espaço físico e invoca as fadas para apoiar essa barreira. Da mesma forma, a hera, com sua natureza duradoura e resiliente, pode ser tecida em um amuleto protetor ou colocada no espaço, representando o abraço protetor da fada.

Assim que o espaço estiver pronto, o praticante entra em um estado de foco silencioso, aterrando-se com respirações profundas, conectando-se à terra abaixo e ao céu acima. Esse aterramento centraliza o espírito e limpa a mente, criando uma base estável sobre a qual o ritual de proteção se desenrolará. Visualizar raízes dos pés alcançando profundamente a terra permite que se conecte com as fadas da terra, cujas energias estabilizadoras conferem força e resistência ao ritual. Conforme a respiração flui, o praticante atrai essa energia de aterramento, sentindo seu peso e presença por todo o corpo, ancorando-o firmemente no momento.

Em seguida, o praticante faz uma invocação simples, convidando as fadas da proteção para se juntarem a esta tarefa sagrada. Palavras como: "Fadas da força e da guarda, convido sua presença, para vigiar este espaço, para criar uma barreira de harmonia e segurança", criam uma atmosfera de respeito e alinhamento. Esta invocação não é uma exigência; é um chamado respeitoso que sinaliza a abertura do praticante para a orientação e parceria das fadas. As fadas, sentindo essa intenção genuína, respondem de maneiras sutis, sua energia entrelaçada no ar, aterrando o espaço em proteção.

O foco então muda para a criação de uma barreira de energia, um escudo formado pela visualização e pela energia das fadas. O praticante pode começar imaginando uma luz suave, porém resiliente - um brilho gentil que emerge de dentro e se expande para fora, formando uma esfera de proteção ao redor do espaço. Essa luz, infundida com a essência das fadas da terra, parece forte, mas gentil, como as raízes de uma árvore que penetra profundamente no solo. Visualizando essa luz se expandindo, ela assume a forma de um escudo energético, abrangendo toda a área, um véu através do qual apenas energias harmoniosas podem passar. Essa visualização serve como um canal, um meio pelo qual as fadas emprestam sua força para fortalecer o limite, envolvendo o espaço em sua presença protetora.

Para aprofundar essa barreira, os símbolos de proteção são então ativados dentro do espaço. Colocar símbolos, como um pequeno círculo de pedras ou um amuleto feito de barbante, junto com objetos naturais que carregam a energia das fadas, constrói uma contraparte física para o escudo energético. Esses símbolos são colocados com cuidado ao redor do perímetro da área ritual ou em pontos específicos como entradas ou janelas, e cada um é consagrado com um toque suave ou intenção sussurrada. O praticante pode dizer: "Com esta pedra, honro sua força. Que ela permaneça como um guardião, um símbolo de proteção." Cada item colocado fortalece a estrutura energética, cada toque aumenta o envolvimento das fadas e reconhece seu papel no ritual.

Um aspecto integral do ritual de proteção é o estabelecimento de um limite mental. Este ato interno espelha as proteções externas e cria um equilíbrio entre os mundos externo e interno. Ao visualizar uma mente calma e resiliente, reforça-se a ideia de que a proteção começa de dentro. Esse limite interno significa o próprio papel do praticante no ritual - reconhecendo que, embora as fadas forneçam orientação e força, a intenção focada do praticante completa o escudo protetor. Uma afirmação simples, como "Estou aterrado, estou seguro, estou cercado pela proteção das fadas", atua como um selo, criando uma estrutura mental que aumenta a força da energia do ritual.

Para concluir, um gesto de gratidão encerra o ritual. Agradecer às fadas por sua presença e proteção reconhece seu papel e respeita sua escolha de ajudar. Palavras de gratidão, como "Obrigado, guardiões deste espaço, por sua força e orientação", honram o relacionamento formado, lembrando o praticante de que a proteção não é apenas recebida, mas compartilhada. Uma pequena oferenda, como colocar uma flor, um punhado de ervas ou algumas gotas de água perto da entrada do espaço, significa essa gratidão. As fadas reconhecem e apreciam tais oferendas, pois esses gestos simples de respeito reafirmam o compromisso do praticante com a harmonia.

À medida que o ritual termina, uma sensação de calma e segurança pode preencher o espaço. As energias protetoras, apoiadas pelas fadas, continuarão a pairar, criando uma sensação de estabilidade e resiliência. Este ritual serve não apenas para proteger o ambiente físico, mas também para fortalecer o vínculo entre fada e humano, unindo ambos no compromisso compartilhado de manter um espaço equilibrado e seguro. A barreira protetora, tanto física quanto energética, perdura como um lembrete de que o próprio espírito é um espaço sagrado, protegido pelas fadas e fundamentado na força atemporal da natureza.

Com as energias protetoras estabelecidas no ritual inicial, o foco agora se volta para reforçar, aprofundar e manter essa barreira ao longo do tempo. A conexão entre o praticante e as fadas se fortalece a cada gesto de respeito, a cada intenção focada. As fadas são seres que se movem naturalmente através de ciclos e ritmos, e guiam aqueles que buscam proteção para fazer o mesmo, ensinando que a verdadeira proteção não é estática, mas uma energia dinâmica e em evolução. Ao aprender técnicas para fortalecer, selar e renovar o limite protetor, o praticante cria um escudo duradouro e harmonioso que perdura através das energias mutáveis da vida.

Para selar a barreira protetora, concentração e aterramento são essenciais. As fadas respondem mais poderosamente àqueles que se aproximam delas com intenção centralizada e, portanto, focar totalmente no espaço protetor é o primeiro passo. O praticante começa colocando as mãos na terra ou em um objeto de aterramento escolhido, permitindo que quaisquer pensamentos dispersos ou distrações desapareçam. Fechando os olhos, visualiza raízes estendendo-se profundamente no solo, ancorando o eu e absorvendo a força da terra abaixo. Esse aterramento ancora a energia do praticante dentro do espaço, reforçando a estabilidade e criando uma conexão com a qual as fadas se alinham naturalmente.

À medida que a energia se aprofunda, o praticante pode usar uma técnica conhecida como "selamento de círculo" para encapsular a proteção. Isso envolve mover no sentido horário ao redor do perímetro do espaço, física ou mentalmente, traçando uma linha invisível que completa um círculo de força. Enquanto se move, o praticante pode entoar uma frase que contém poder protetor, como: "Círculo de luz, forte e brilhante, proteja este espaço dia e noite". Essa frase, dita ritmicamente, cria uma frequência que ressoa com as fadas, selando o limite com intenção e reverência. Esse movimento circular representa um ciclo, simbolizando uma conexão ininterrupta com o reino das fadas, que emprestam sua força para proteger o espaço.

Aterrar essa barreira com objetos específicos solidifica ainda mais as energias protetoras. Pequenas pedras ou cristais, escolhidos por seu alinhamento com a proteção, podem ser colocados em cada ponto cardeal - norte, sul, leste e oeste. Cada pedra é consagrada com um toque ou palavra falada, como: "Nesta direção, invoco a proteção", e representa um pilar de força. Norte, muitas vezes ligado à terra, simboliza estabilidade; sul, alinhado com o fogo, representa coragem; leste, a direção do ar, traz clareza; e oeste, associado à água, oferece paz emocional. As fadas, sintonizadas com essas direções elementares, sentem esse alinhamento e emprestam sua energia para reforçar o escudo.

Para renovar e manter a barreira, a atenção periódica é essencial, pois as fadas respondem bem aos rituais que respeitam os ciclos naturais. Uma prática semanal ou mensal, adaptada às necessidades do praticante, fortalece a conexão das fadas com o espaço e reforça sua presença. Isso pode ser tão simples quanto acender uma vela e oferecer palavras de gratidão, ou colocar uma flor fresca no altar para simbolizar harmonia e proteção. As fadas são naturalmente atraídas por esses pequenos atos, reconhecendo a intenção do praticante de honrar o espaço continuamente. Esses gestos renovam o limite protetor, garantindo que ele permaneça vibrante e ativo.

Além de objetos físicos, a visualização e a respiração desempenham um papel central na manutenção da proteção. O praticante pode reservar um tempo a cada dia para sentar-se em silêncio dentro do espaço, respirando lentamente e visualizando a luz protetora ao seu redor. Imaginando essa luz como um véu forte e brilhante, o praticante a visualiza pulsando suavemente a cada respiração, renovando sua força. Inspirando, o praticante atrai energia das fadas para a esfera protetora; expirando, libera quaisquer distúrbios ou energias negativas que possam ter se acumulado dentro. Essa prática não apenas reforça a barreira, mas também mantém a própria energia do praticante equilibrada e resiliente, harmonizada com a presença das fadas.

Com o tempo, o praticante pode desenvolver um senso intuitivo para mudanças na energia, sentindo quando o limite precisa de reforço ou renovação. As fadas, sempre sensíveis às energias, geralmente comunicam dicas sutis quando os ajustes são necessários - talvez através de uma vela bruxuleante, uma brisa fresca inesperada ou uma sensação de inquietação dentro do espaço. Prestar atenção a esses sinais permite que o praticante ajuste o ritual de acordo com a orientação das fadas, mantendo a força da proteção em harmonia com as energias naturais. Essa parceria intuitiva com as fadas é uma prática viva e em evolução, moldada tanto pela consciência do praticante quanto pela sabedoria das fadas.

Detectar a aproximação de energias negativas ou perturbadoras é uma habilidade que as fadas podem ajudar a cultivar. Com sua orientação, o praticante aprende a reconhecer pequenas mudanças na atmosfera, sensações que indicam desequilíbrios ou intrusões dentro do espaço. Por exemplo, um peso repentino, uma sensação de inquietação ou falta de fluxo de ar podem indicar a necessidade de atenção imediata. Nesses momentos, as fadas encorajam práticas de aterramento para limpar a energia, como o uso de sal nos pontos de entrada ou borrifar água de lavanda ao redor do espaço.

Essas ações neutralizam os distúrbios, reforçando o limite e, ao mesmo tempo, respeitando os ciclos de renovação que as fadas prezam.

As fadas também guiam os praticantes no uso de rituais de aterramento para dissipar energias indesejadas remanescentes. Um desses métodos envolve ficar em pé dentro do espaço e visualizar uma cachoeira de luz descendo de cima, banhando o corpo e a sala. Essa luz limpa qualquer energia residual, carregando-a para a terra, onde é transformada e purificada. À medida que essa visualização se desenrola, pode-se dizer: "Com esta luz, tudo o que não serve será limpo e renovado". As fadas, atraídas por tais gestos, emprestam sua energia para a limpeza, garantindo que o espaço permaneça claro e harmonioso, um santuário de paz e proteção.

O ritual termina com uma expressão de gratidão, sinalizando respeito e apreço pela proteção contínua das fadas. Uma frase como "Obrigado, fadas da proteção, por sua força e orientação" reconhece sua presença e reforça o vínculo entre os reinos. Uma pequena oferenda - uma pitada de água, um punhado de flores silvestres ou uma pena - pode ser deixada na beira do espaço ou colocada no altar como um ato final de agradecimento. As fadas recebem esses gestos com carinho, reconhecendo o respeito que está por trás da parceria protetora.

No silêncio que se segue, uma profunda sensação de paz geralmente preenche o espaço. A barreira protetora, agora forte e resiliente, representa a cooperação entre humanos e fadas, um compromisso compartilhado de manter o equilíbrio e proteger contra danos. Por meio desse ritual, o praticante não apenas protege seu ambiente físico, mas também fortalece sua própria resiliência interior, aprendendo com as fadas como cultivar a paz diante da mudança.

Este ritual de proteção estendido se torna uma jornada em harmonia com a natureza, onde as fadas atuam como guardiãs e guias, mostrando que a verdadeira proteção é um equilíbrio de consciência, respeito e reciprocidade. Cada ato, desde acender uma vela até colocar uma pedra, honra as energias ancestrais que permeiam todas as coisas, formando um santuário de segurança e calma duradouras.

Capítulo 8
Ritual de Prosperidade

Convidar fadas para um ritual de prosperidade é um ato de acolher a abundância, não apenas como riqueza material, mas como um fluxo holístico de oportunidades, bem-estar e harmonia. As fadas, guardiãs dos ciclos da natureza, entendem a abundância como algo que surge naturalmente quando o equilíbrio é honrado e as intenções se alinham com o bem de todos. Atrair prosperidade com a orientação delas é entrar no ritmo de crescimento e realização da natureza, permitindo que as oportunidades se desdobrem com confiança e respeito. O ritual de prosperidade, portanto, torna-se um pedido harmonioso para receber, compartilhar e nutrir a abundância com um coração alinhado à sabedoria das fadas.

Para começar, o espaço ritual é cuidadosamente preparado para refletir as qualidades associadas à prosperidade: abertura, luz e os símbolos da abundância natural. Objetos associados ao crescimento - flores, ervas e cristais - tornam-se aliados poderosos, criando uma atmosfera que tanto as fadas quanto o praticante podem sentir. Flores douradas ou amarelas, como malmequeres ou girassóis, trazem uma sensação de calor e energia radiante ao ritual, simbolizando a influência nutritiva do sol sobre toda a vida. Ramos de manjericão, hortelã ou canela, conhecidos por sua associação com a prosperidade, podem ser colocados no altar ou em pequenas tigelas ao redor do espaço, seus aromas se misturando para convidar a energia positiva e abundante.

Os cristais amplificam essa energia, cada um com sua própria ressonância que se alinha com a prosperidade. Citrino, frequentemente considerado uma pedra da abundância, irradia uma energia vibrante que as fadas reconhecem como um símbolo de crescimento e alegria. Aventurina, outro cristal favorecido, contém a essência da oportunidade, guiando as intenções com clareza e confiança. Essas pedras, colocadas cuidadosamente no espaço ritual, servem como pontos focais para a energia das fadas, convidando-as a abençoar o ritual com os mesmos ciclos naturais de florescimento que elas sustentam no mundo ao seu redor.

Para realçar ainda mais o espaço, uma única vela verde ou dourada pode ser acesa, representando a intenção de prosperidade. Enquanto a chama da vela cintila, o praticante a visualiza como um farol, invocando as fadas associadas à abundância. Essa chama, infundida com a energia do praticante, atua como um símbolo de luz, crescimento e força vital que sustenta a prosperidade. A cada respiração, a chama cresce em significado, tornando-se um elemento central do ritual no qual tanto as fadas quanto o praticante se concentram, pois seu calor e brilho simbolizam a prosperidade que fluirá para a vida.

Uma vez que o espaço está preparado, o praticante se enraíza por meio de um simples exercício de respiração, inalando profundamente e exalando qualquer tensão ou limitação que possa obscurecer a intenção. As fadas são naturalmente sensíveis à clareza de espírito, e esse processo de aterramento garante que a energia do praticante ressoe com sinceridade e abertura. A cada respiração, sente-se uma conexão maior com a terra abaixo e os ciclos naturais que sustentam a vida e o crescimento. Esse alinhamento cria um terreno fértil sobre o qual as intenções podem ser plantadas, como sementes em um jardim, prontas para florescer com cuidado e atenção.

A invocação é então proferida, um chamado respeitoso que convida as fadas a trazerem sua orientação e bênção para o ritual. Uma frase simples, como "Fadas da abundância e do crescimento, convido sua presença com gratidão e confiança", sinaliza a disposição do praticante de entrar nessa parceria. As fadas respondem a tais chamados quando eles são preenchidos com respeito e humildade, entendendo que a intenção do praticante é criar prosperidade não apenas para si, mas para o bem maior. Essa invocação muda o ritual para um estado ativo, um momento compartilhado onde a presença das fadas começa a permear o espaço, emprestando sua energia para nutrir as sementes da abundância.

Com a presença das fadas convidada, o praticante define sua intenção de prosperidade. Essa intenção é mais potente quando surge de um lugar de gratidão e clareza, reconhecendo que a prosperidade abrange muito mais do que ganho material. Ao proferir a intenção em voz alta, o praticante pode dizer: "Que a abundância flua para minha vida tão livremente quanto a luz do sol sobre as folhas, nutrindo tudo o que eu empreendo e permitindo que eu compartilhe livremente". A intenção, dita com convicção, torna-se uma declaração poderosa, alinhando-se com a própria compreensão das fadas da abundância como um ciclo que beneficia todos que o honram.

Uma técnica de visualização chamada "Flor da Prosperidade" então guia o praticante ainda mais. Sentado em silêncio, ele se imagina como uma planta enraizada profundamente na terra, nutrida por sua força e estabilidade. A cada inspiração, ele visualiza puxando luz e calor das fadas, como a luz do sol que faz a planta crescer e florescer. Essa energia flui da terra e pelas raízes, atingindo o coração e se estendendo para fora como galhos, simbolizando a disseminação de oportunidades, alegria e abundância. A cada respiração, a luz fica mais brilhante, preenchendo o espaço e irradiando para fora, carregando a intenção de prosperidade para o universo.

Para canalizar a energia das fadas mais diretamente, o praticante também pode segurar um cristal, como citrino ou aventurina, na mão enquanto visualiza. O cristal se torna uma âncora, um recipiente que contém a energia da prosperidade e pode ser revisitado mesmo após o término do ritual. Ao se concentrar no calor e no peso do cristal, conecta-se à orientação das fadas e confia no processo de crescimento que se desdobra, como uma semente se transformando em uma planta florida. Esse cristal pode ser mantido no altar ou carregado como um lembrete da bênção das fadas e do compromisso de nutrir a prosperidade com atenção.

Além da visualização, uma afirmação falada reforça a intenção. Frases como "Estou aberto para receber abundância em todas as formas" ou "A prosperidade flui para mim e através de mim, enriquecendo minha vida e a vida dos outros" carregam a energia da convicção e da abertura. As fadas, sintonizadas com a intenção e a ressonância, sentem a clareza nessas palavras e fortalecem a conexão do praticante com o ciclo natural de dar e receber. Essa afirmação solidifica o papel do praticante dentro do ritual, marcando uma promessa de trabalhar em harmonia com as energias das fadas e a prosperidade que elas inspiram.

Encerrar o ritual com gratidão reconhece a presença das fadas e sua ajuda em abrir o caminho para a abundância. Uma frase suave, "Obrigado, fadas do crescimento e da prosperidade, por sua presença e sua bênção", honra sua orientação e afirma a intenção com respeito. Uma pequena oferenda - talvez uma flor, uma pitada de sementes ou algumas gotas de água - é deixada como um símbolo de gratidão, devolvendo à natureza uma parte do que foi solicitado. Essa oferenda serve como um ato recíproco, uma forma de honrar o papel das fadas no apoio à abundância, como o ato de devolver o alimento ao solo do qual uma planta cresce.

No silêncio que se segue, a energia do ritual continua a fluir, um lembrete sutil, porém potente, de que a prosperidade, como todos os ciclos naturais, se desdobra com paciência e cuidado. As fadas, tendo sentido o respeito e a gratidão do praticante, emprestam seu apoio contínuo, promovendo uma atmosfera de abundância que transcende o próprio ritual. O espaço ritual permanece vibrante, preenchido com a certeza silenciosa de que a prosperidade se manifestará, nutrida pela sabedoria das fadas e pela confiança do praticante no fluxo da vida.

Por meio desse ritual de prosperidade, o praticante experimenta uma parceria com as fadas que reflete os ritmos da natureza - uma dança de dar e receber, de crescimento e generosidade. As fadas, sempre vigilantes e sábias, guiam o buscador para o alinhamento com esses ritmos, ensinando que a verdadeira prosperidade é recebida e compartilhada, enraizada na gratidão e equilibrada pela intenção consciente. Em sua presença, o caminho para a abundância se torna claro, moldado pelo respeito aos ciclos da natureza e à magia que as fadas trazem para as jornadas mais essenciais da vida.

À medida que as energias da prosperidade se instalam no espaço ritual, o praticante e as fadas embarcam em uma jornada mais profunda - uma que transforma a intenção em manifestações tangíveis. A prosperidade, em seu verdadeiro sentido, se alinha não apenas com o receber, mas com o cultivo de uma mentalidade de gratidão, confiança e equilíbrio. As fadas, sendo guardiãs dos ciclos infinitos da natureza, emprestam sua sabedoria para guiar o praticante na criação de um fluxo contínuo de abundância que enriquece a vida em vários níveis. Por meio de técnicas avançadas de manifestação, visualização e sinais da presença das fadas, este ritual se torna uma dança de harmonização das intenções com os ritmos da natureza.

Para começar, o praticante revisita sua intenção inicial, refinando-a por meio da visualização para colocar a energia em movimento. Essa visualização vai além de uma simples imagem; torna-se uma experiência sensorial que infunde vida ao ritual. O praticante pode fechar os olhos, visualizando um jardim repleto de flores vibrantes, frutas e luz solar - um símbolo de abundância e prosperidade. Cada flor representa um aspecto da prosperidade - saúde, relacionamentos, criatividade ou oportunidades - que o praticante deseja nutrir. Neste jardim de intenções, as fadas se movem como guardiãs e zeladoras, cuidando de cada flor, guiando a energia à medida que ela se enraíza e floresce. A visualização entrelaça o desejo do praticante por prosperidade com o papel das fadas como guardiãs do crescimento e da transformação.

A cada respiração, o praticante aprofunda sua conexão com as fadas e seu jardim de abundância. Essa técnica de respiração é chamada de "Respiração da Prosperidade". A cada inspiração, o praticante absorve a sensação de vitalidade e realização, visualizando as fadas aprimorando cada aspecto da prosperidade. A cada expiração, ele libera quaisquer dúvidas, medos ou limitações que possam impedir o fluxo de abundância. À medida que essa respiração continua, uma sensação de calor e leveza preenche o corpo, significando o alinhamento entre a intenção do praticante e a energia das fadas. As fadas sentem esse alinhamento e respondem, tecendo sua energia no jardim visualizado, nutrindo as intenções com o mesmo cuidado que dedicam ao mundo natural.

Em seguida, para ancorar a energia e trazer as intenções à forma tangível, o praticante emprega um ritual conhecido como "Pedras da Manifestação". Uma seleção de pequenas pedras ou cristais - como aventurina, citrino e jade verde - é organizada ao redor do espaço ritual, cada um simbolizando um aspecto da prosperidade. O praticante segura cada pedra, proferindo uma frase de afirmação específica para essa intenção, como "Esta pedra representa criatividade abundante" ou "Com esta pedra, convido a estabilidade financeira". Ao definir essas afirmações, cada pedra se torna um ponto focal, uma representação física da prosperidade. Essas pedras são carregadas com a energia das fadas e a intenção focada do praticante, tornando-se símbolos que podem ser revisitados muito depois de o ritual ser concluído.

As fadas, atraídas por esses objetos de intenção, emprestam sua presença às pedras, imbuindo-as com a energia vibracional da abundância. As pedras, agora carregadas, atuam como condutores entre os reinos, cada uma um lembrete tangível da parceria das fadas na jornada rumo à prosperidade. Colocar as pedras em um altar ou carregá-las na vida diária serve como um ponto de contato, uma forma de manter as intenções vivas e apoiadas pela orientação silenciosa das fadas.

Além das pedras, símbolos de gratidão são introduzidos para fortalecer o ritual. Como as fadas ressoam profundamente com a apreciação, as expressões de gratidão amplificam o fluxo de prosperidade. O praticante pode colocar uma pequena tigela de grãos ou sementes - símbolo de nutrição e crescimento - no altar como um sinal de agradecimento pelo que já recebeu. Esta oferenda torna-se um reconhecimento de que a prosperidade, tanto dada quanto recebida, é um ciclo contínuo. As fadas sentem essa gratidão, entendendo que o praticante honra o equilíbrio de tomar e dar. Esse ato de gratidão, tecido no ritual, garante que a energia da abundância permaneça sustentável, apoiada por um espírito de generosidade.

Sinais de resposta das fadas podem agora se tornar aparentes, dicas sutis de que as intenções estão alinhadas com o fluxo da natureza. Pode-se notar um brilho repentino de luz, um calor tênue ou uma brisa suave movendo-se pelo espaço - sinais de que as fadas estão guiando a energia do ritual. As fadas se comunicam em sussurros e gestos, muitas vezes deixando para trás símbolos na natureza para significar sua aprovação. Após o ritual, o praticante pode notar pequenas penas, flores inesperadas ou pedras chamando sua atenção - sinais de fada que afirmam a conexão estabelecida no ritual, lembrando o praticante de que a prosperidade flui em harmonia com os dons da natureza.

Para aterrar o ritual e integrar a energia das fadas, o praticante completa uma visualização conhecida como "Fluxo da Abundância". Nesta técnica, ele imagina um rio suave fluindo por sua vida, carregando oportunidades, alegria e realização. Este rio de abundância se move livremente, nutrido pelas fadas e pelo mundo natural, preenchendo cada canto da vida do praticante. A cada respiração, o praticante se torna um com esse fluxo, confiando que a prosperidade chegará de muitas formas, cada uma um presente do mundo invisível. Esta visualização solidifica a crença de que a prosperidade é uma energia aberta e viva, guiada pelas fadas e moldada pelas próprias intenções do praticante.

O ato final do ritual é liberar as fadas com profunda gratidão, reconhecendo sua sabedoria e ajuda na manifestação da prosperidade. Uma frase suave, como "Obrigado, fadas da abundância, por sua orientação e generosidade", despede as fadas com respeito, honrando seu papel no ritual. O praticante pode deixar uma oferenda de mel, flores ou alguns grãos perto de uma árvore ou no jardim como um último gesto de gratidão, devolvendo à natureza uma parte do que foi recebido. As fadas, sensíveis a tais gestos, reconhecem a sinceridade da oferenda, e sua presença permanece no calor sutil do espaço ritual.

Nos dias e semanas que se seguem, o praticante pode observar as maneiras pelas quais a prosperidade começa a se manifestar, às vezes de formas inesperadas ou sutis. Uma oportunidade pode surgir, uma ideia criativa pode florescer ou um momento de gentileza pode criar uma onda de positividade. Esses são sinais de que a energia das fadas continua a apoiar as intenções do praticante, lembrando-o de que a prosperidade flui como um ciclo natural, melhor recebido com confiança e nutrido com gratidão. Essa conexão contínua com as fadas ensina que a abundância não é um evento único, mas um relacionamento em evolução, uma parceria que se aprofunda à medida que se permanece aberto para dar e receber.

Por meio desse ritual, a prosperidade se torna um estado de ser, uma conexão com as fadas que transcende a riqueza material e abrange uma vida de equilíbrio, realização e gratidão. As fadas, sábias nos caminhos dos ciclos da natureza, guiam o praticante em direção a uma prosperidade sustentável, enraizada no respeito pela terra e por todos os seus dons. Esta parceria revela a verdade mais profunda da abundância, que ela é tecida a partir da intenção, da confiança e de uma jornada compartilhada com as forças invisíveis que nutrem todas as coisas para o crescimento.

Capítulo 9
Alinhamento com a Natureza

Conectar-se com as fadas é mergulhar nos ritmos e ciclos da natureza, pois esses seres são a essência do próprio mundo natural. Eles existem em cada estação, ecoam na ascensão e queda do sol e se movem com o fluxo dos rios e o crescimento das árvores. Assim, alinhar-se com a natureza não é meramente um ato de observação; é um convite para viver em harmonia com a terra e todas as suas criaturas. Ao fazer isso, o praticante abre uma porta para uma conexão mais profunda com as fadas, abraçando uma jornada compartilhada onde o respeito e a reciprocidade guiam cada passo.

O primeiro passo no alinhamento é cultivar a presença na natureza, permitindo que cada caminhada, cada momento ao ar livre, se torne um ritual de conexão. As fadas respondem àqueles que pisam levemente, que caminham com consciência, tratando cada folha, pedra e gota d'água como sagradas. Ao se mover por uma floresta ou ao longo de um rio, o praticante conscientemente acalma a mente, deixando de lado as distrações e, em vez disso, se concentra em cada som, cheiro e textura. Ouvir o vento através das árvores, sentir a terra sob os pés e observar os sinais sutis de vida servem para sintonizar o praticante com o ritmo da natureza. Essa presença consciente atrai as fadas para perto, pois elas reconhecem um coração aberto à linguagem do mundo natural.

As práticas de observação da natureza são centrais para esse alinhamento, convidando o praticante a notar padrões, ciclos e mudanças sutis na paisagem. Ao observar o comportamento de plantas, animais e os elementos em mudança, o praticante começa a entender como as fadas vivem dentro desses ritmos. As cores mutáveis das folhas, o brotar das flores e os ciclos da lua carregam mensagens, oferecendo uma visão do mundo das fadas. As fadas estão frequentemente presentes nas bordas dessas transições, aparecendo ao amanhecer e ao anoitecer, durante as horas calmas entre o dia e a noite, ou na primeira floração da primavera. Ao se sintonizar com esses momentos, o praticante se torna consciente das mudanças sutis que marcam a presença e influência das fadas.

As meditações ao ar livre aprofundam essa conexão, servindo como uma ponte entre os reinos físico e das fadas. Uma prática simples é sentar-se em silêncio ao lado de uma árvore, fechando os olhos e respirando em harmonia com os sons da natureza. Visualizar raízes estendendo-se do corpo da pessoa para a terra, conectando-se com as raízes da árvore, traz uma energia de aterramento que as fadas reconhecem como um gesto de respeito e união. Cada inspiração atrai a estabilidade da terra, enquanto cada expiração libera qualquer tensão ou distração persistente, criando um estado calmo e equilibrado que se alinha com a energia gentil das fadas. Nessa consciência aterrada, pode-se sentir uma mudança suave - um sopro de ar fresco, um farfalhar fraco ou mesmo uma sensação interna de calor, todos sinais sutis da presença das fadas.

Outra prática, conhecida como "Ouvir a Terra", convida o praticante a ficar de pé ou sentar-se em um espaço natural e se concentrar nos sons que emergem. Este exercício não se trata apenas de ouvir, mas de sintonizar as camadas de som: o movimento do vento, o chamado dos pássaros, o zumbido dos insetos, cada nota formando uma sinfonia que as fadas habitam. Ao se entregar totalmente a esses sons, o praticante cultiva uma sensibilidade que ressoa com a presença das fadas. As fadas respondem a essa escuta focada, muitas vezes deixando sinais sutis - uma pena, um vislumbre de luz ou uma mudança suave na brisa - como reconhecimentos da abertura do praticante para a conexão.

Para se alinhar ainda mais com a natureza, o praticante observa os ciclos das estações, cada uma contendo energias únicas que espelham as próprias transições das fadas. A primavera, um período de renovação, vibra com a energia de novos começos, convidando as fadas associadas ao crescimento e vitalidade a emergir. O verão, cheio de calor e abundância, ressoa com fadas de luz e alegria. O outono, com suas folhas caindo e ar frio, marca um período de liberação e transformação, atraindo fadas conectadas à mudança e reflexão. O inverno, um período de quietude, convida fadas que trabalham em silêncio, incentivando a introspecção e a conservação de energia. Abraçar essas energias sazonais alinha o praticante com os ritmos naturais das fadas, promovendo um relacionamento que cresce e muda a cada ciclo.

Além de observar a natureza, criar ofertas simples fortalece o vínculo com as fadas. Uma oferenda é um ato de gratidão, um pequeno gesto que reconhece a tutela das fadas sobre a terra. Colocar flores, folhas ou alguns grãos de comida sobre uma pedra ou na base de uma árvore envia uma mensagem silenciosa de respeito. Essas ofertas, escolhidas com atenção, ressoam com a energia das fadas, convidando-as a se aproximarem. Em troca, as fadas podem deixar presentes sutis - uma pena caída, uma pedra única ou uma sensação inesperada de paz - sinais de sua apreciação e presença.

Envolver-se em rituais que honram eventos naturais também alinha o praticante com as fadas. Observar os solstícios, equinócios e fases da lua coloca a pessoa em harmonia com os ciclos que as próprias fadas honram. Por exemplo, durante a lua cheia, as fadas da intuição e da luz interior estão especialmente presentes, oferecendo orientação para aqueles que buscam conexão. Criar um pequeno ritual - acender uma vela, oferecer água ou cantar suavemente sob o luar - convida a bênção das fadas e afirma uma reverência compartilhada pelos ritmos da natureza.

Ao longo dessa jornada de alinhamento, a paciência é essencial. As fadas se revelam apenas gradualmente, atraídas por aqueles que mostram respeito por meio de ações em vez de expectativas. O alinhamento com a natureza é um compromisso, uma prática que cresce com o tempo, marcada por momentos de conexão que se tornam mais ricos e profundos a cada interação. Este processo ensina que o alinhamento com a natureza e as fadas é menos sobre buscar e mais sobre simplesmente estar presente, aberto e disposto a aprender com o mundo ao nosso redor.

À medida que o praticante continua essas práticas, ele pode notar uma mudança na percepção, uma capacidade de sentir energias anteriormente ignoradas. Cada dia passado em alinhamento com a natureza traz uma compreensão mais profunda da sabedoria silenciosa das fadas e seu papel como guardiãs do equilíbrio. Esse alinhamento revela que a prosperidade, a proteção e a paz fluem naturalmente quando se vive em harmonia com os ciclos que as fadas apreciam e protegem.

Assim, a jornada de alinhamento com a natureza se torna um caminho de transformação. O praticante descobre que em cada folha, brisa e estação reside uma lição, um sussurro de magia das fadas que fala de equilíbrio, resiliência e interconexão. As fadas, guardiãs dessa sabedoria, guiam o praticante para uma vida onde cada momento se torna uma celebração da beleza da natureza e um convite para viver com gratidão, humildade e harmonia.

À medida que a jornada de alinhamento se aprofunda, o praticante é chamado a ir além da observação, abraçando práticas que entrelaçam sua vida com os ritmos da natureza de maneiras profundas. As fadas, sempre sintonizadas com os ciclos da terra, se aproximam daqueles que honram os padrões mutáveis da lua, do sol e das estações. Cada ciclo, cada transição dentro da natureza, torna-se uma oportunidade para o praticante sincronizar sua energia com o mundo das fadas, promovendo um vínculo que transcende o físico e se conecta profundamente com o fluxo atemporal da vida.

Uma das práticas mais poderosas para aprofundar o alinhamento com as fadas é trabalhar com os ciclos lunares. As fases da lua espelham o ritmo de crescimento, liberação e renovação da natureza, ressoando com os próprios ciclos das fadas. Durante a lua nova, um período de começos e intenções, as fadas da terra estão particularmente presentes, nutrindo sementes de crescimento e apoiando novos empreendimentos. O praticante, sentado em silêncio sob o céu escuro, define intenções falando-as suavemente ou escrevendo-as em um pedaço de papel. Colocar essa intenção perto de uma planta viva ou enterrá-la no solo envia uma mensagem para as fadas da terra, que reconhecem esse ato como um convite para ajudar a nutrir esses desejos da semente à floração.

À medida que a lua cresce, ficando mais brilhante, o praticante muda seu foco para ações que levam as intenções à fruição. As fadas da água, sensíveis ao fluxo e movimento das energias, se alinham com esta fase, apoiando a criatividade, a intuição e a profundidade emocional. Esta fase é um momento ideal para rituais ao ar livre perto da água - um rio, lago ou até mesmo uma pequena tigela de água colocada sob o luar. O praticante pode agitar suavemente a água, observando como ela captura a luz da lua, simbolizando a expansão e manifestação das intenções. As fadas da água respondem a essa energia fluida, dando sua orientação à medida que os objetivos do praticante começam a tomar forma.

Na lua cheia, a energia atinge o pico, um período de culminação e abundância. As fadas do fogo, que incorporam luz e vitalidade, são atraídas por esta fase, que representa o auge do poder energético. Em pé sob a lua cheia, o praticante pode acender uma vela ou uma pequena fogueira, sentindo o calor como uma representação da realização. Enquanto a chama dança, pode-se expressar gratidão pelo que se concretizou, reconhecendo o papel das fadas em nutrir esses resultados. Esta prática não apenas honra a lua cheia, mas convida as fadas a celebrar a colheita, a fruição das sementes semeadas com intenção.

À medida que a lua diminui, a energia muda para liberação e reflexão, alinhando-se com as fadas do ar, quietas e introspectivas. Esta fase incentiva o desapego, abrindo espaço para a renovação e preparação para o próximo ciclo. O praticante pode realizar um ritual simples de liberação, como escrever pensamentos ou emoções que deseja liberar e, em seguida, colocar o papel ao vento ou em um riacho suave, permitindo que ele seja levado embora. Este ato simboliza a rendição, uma oferenda às fadas do ar, que guiam o praticante em direção à clareza e leveza, ajudando a dissolver o que não serve mais. As fadas do ar reconhecem esta prática como um alinhamento com o ritmo da natureza, uma disposição para desapegar e confiar no fluxo do ciclo.

Juntamente com o ciclo lunar, observar as mudanças das estações fortalece esse alinhamento com o ritmo atemporal da natureza. As fadas, cujas energias mudam a cada estação, revelam diferentes aspectos de seu mundo durante cada fase. Na primavera, à medida que uma nova vida surge, as fadas conectadas ao crescimento e renovação são especialmente ativas, convidando o praticante a se juntar à celebração do renascimento. Plantar sementes, cuidar de um jardim ou simplesmente passar um tempo em um campo ou floresta durante a primavera alinha a energia do praticante com as fadas da vitalidade, que sentem essa devoção à renovação da natureza e respondem com calor e apoio.

    O verão é um período de abundância, luz e atividade, uma estação em que as fadas da alegria e vitalidade se movem vibrantemente pelo mundo. Este é um momento para rituais de celebração, para dançar, cantar e compartilhar com outras pessoas, incorporando a energia exuberante que as fadas do verão trazem. Passar um tempo sob a luz do sol, oferecer flores frescas e criar encontros alegres atraem as fadas para perto, pois elas são atraídas por momentos de felicidade e expressão genuínas. Cada ato de alegria ressoa com a energia do verão, convidando as fadas a participar e abençoar a vida do praticante com vitalidade e conexão.

    O outono, uma estação de mudança e preparação, clama por reflexão e pelas fadas da transformação. Esta época do ano convida a rituais de gratidão, onde o praticante reconhece a abundância que recebeu. Coletar folhas, colocá-las em um altar ou criar pequenos sinais de agradecimento para as fadas reconhece o ciclo natural de dar e receber. As fadas do outono guiam o praticante na liberação do que cumpriu seu propósito, assim como as árvores perdem suas folhas, preparando o praticante para entrar em um estado de descanso e reflexão, alinhando-se com a preparação silenciosa da natureza para o inverno.

O inverno, com sua quietude e introspecção, se alinha com as fadas que guardam as profundezas do descanso e da renovação. Esta estação convida o praticante a abraçar práticas de meditação silenciosa, reflexão e trabalho interior. Sentado sob árvores nuas, respirando o ar fresco e ouvindo o mundo silencioso, sintoniza-se com a energia das fadas do inverno. Essas fadas ensinam o valor do descanso, de voltar-se para dentro para cultivar as sementes de um novo crescimento que jazem adormecidas. Ao abraçar essa quietude, o praticante aprende a respeitar os ciclos silenciosos dentro de si mesmo, honrando a sabedoria das fadas de que o verdadeiro crescimento geralmente surge de períodos de descanso e renovação.

Para aprofundar esse alinhamento sazonal, o praticante também pode manter um diário da natureza, registrando observações, experiências e reflexões com as fadas ao longo dos ciclos. Ao observar as mudanças na paisagem, a presença de flores, animais ou padrões climáticos específicos, constrói-se uma compreensão das mudanças sutis do ambiente e do papel das fadas nele. Este diário se torna um testemunho da dedicação do praticante, um registro vivo de alinhamento com o mundo natural que revela padrões, percepções e uma consciência crescente da presença das fadas.

Com o tempo, esse alinhamento com os ciclos lunares e sazonais cria um fluxo onde o praticante se sente em harmonia com o pulso da natureza, sua vida ressoando com o ritmo atemporal das fadas. Os ciclos de crescimento, abundância, liberação e descanso tornam-se mais do que conceitos; são experiências vividas, uma dança de equilíbrio, resiliência e renovação. Essa jornada contínua fortalece o vínculo com as fadas, convidando sua orientação de maneiras que transcendem o ritual, tornando-se uma presença constante, um apoio silencioso na vida diária.

Por meio desse alinhamento, o praticante descobre que seu relacionamento com as fadas vai além de interações fugazes e floresce em uma parceria construída na confiança e propósito compartilhado. Vivendo em alinhamento com os ciclos da natureza, percebe-se que a sabedoria das fadas está embutida em cada respiração, cada estação, cada momento tranquilo sob o céu. Essa jornada de alinhamento transforma a vida em uma experiência sagrada, onde humanos e fadas caminham lado a lado, compartilhando a beleza e a profundidade do mundo natural, conectados por um ritmo comum e um compromisso compartilhado com o equilíbrio e a harmonia que sustenta todas as coisas.

Capítulo 10
Trabalho Energético Avançado

O trabalho de canalização de energia, com as fadas como guias, abre um caminho para a compreensão e domínio das energias naturais que pulsam por toda a vida. Essas energias, como as fadas as percebem, são as correntes invisíveis da terra, ar, fogo e água – as forças elementais que sustentam o equilíbrio no mundo. Ao aprender a reconhecer e canalizar essas energias, o praticante pode construir uma sensibilidade refinada que aprofunda sua conexão com o reino das fadas. Aqui, as fadas servem não apenas como companheiras, mas como professoras, conduzindo o praticante a práticas avançadas que refinam sua capacidade de canalizar e harmonizar a energia.

Para iniciar essa jornada, é preciso primeiro cultivar a consciência das energias que cercam e sustentam o corpo, reconhecendo que cada respiração, sensação e emoção faz parte de uma troca energética com o mundo natural. As fadas, mestras das energias sutis, respondem a essa sensibilidade aumentada, atraídas por aqueles que se sintonizam com o coração aberto e uma presença consciente. Através de exercícios básicos de consciência energética, o praticante aprende a se tornar um vaso, um condutor para as energias elementais que as próprias fadas representam.

Uma prática fundamental é conhecida como "aterramento elemental", uma técnica que enraíza o praticante no momento presente, conectando-o aos quatro elementos primários. Em pé, descalço sobre a terra, o praticante se visualiza como uma árvore com raízes que se estendem profundamente no solo, aproveitando a energia estabilizadora da terra. Esse aterramento fornece força e foco, uma base sobre a qual o trabalho energético pode ser construído. Uma vez ancorado, o praticante então se abre para os outros elementos, visualizando o ar como uma brisa suave ao seu redor, o fogo como um brilho quente interior e a água como um fluxo suave, cada elemento movendo-se pelo corpo em harmonia. Este exercício estabelece o equilíbrio, alinhando o praticante com as energias da terra, ar, fogo e água, que as fadas reconhecem e ressoam.

Com o aterramento estabelecido, o próximo passo é a "percepção de energia", um exercício que treina o praticante a sentir as mudanças sutis e vibrações da energia das fadas em seu espaço. As fadas se comunicam em correntes silenciosas e, ao estender as mãos e movê-las suavemente no ar, o praticante aprende a detectar sensações como calor, formigamento ou frescor. Essas mudanças são os primeiros sinais da presença das fadas, energia que se manifesta em resposta à intenção aberta do praticante. Ao sentir essa energia, começa-se a discernir as qualidades de cada elemento: a terra como estável, o ar como leve, o fogo como vibrante e a água como fluida. Cada sensação é uma mensagem das fadas, um convite para aprofundar a parceria e explorar a natureza transformadora dessas energias.

Segue-se a prática do "desenho de energia", um exercício em que o praticante convida conscientemente a energia elemental para seu ser. Para atrair a energia da terra, por exemplo, pode-se sentar no chão, colocando as duas mãos na terra e visualizando sua força profunda e aterradora subindo pelo corpo. O praticante pode sentir uma sensação de estabilidade ou um peso reconfortante, como se raízes estivessem se entrelaçando com sua própria energia. Para recorrer à energia do ar, ficar em pé com os braços abertos e inalar profundamente invoca a leveza de uma brisa, trazendo clareza e expansão para a mente. Cada elemento é convidado com reverência, enquanto as fadas emprestam sua presença para realçar essas sensações, ajudando o praticante a sentir e canalizar as energias únicas de forma mais vívida.

Uma vez estabelecida a conexão com cada elemento, o praticante pode começar a criar "círculos de energia". Essa técnica avançada envolve a formação de um círculo de energia dentro do espaço ritual, tecendo as qualidades de cada elemento em um campo unificado que irradia harmonia e proteção. Começando pela terra, o praticante visualiza uma faixa de luz verde ou marrom circundando o espaço. Movendo-se no sentido horário, eles então adicionam ar, visualizado como luz branca ou azul, seguido pelo fogo, uma faixa de vermelho ou laranja, e finalmente água, em tons de azul ou prata. Este círculo de energia serve como um recipiente sagrado, um local de presença elemental concentrada onde as fadas podem entrar e compartilhar sua sabedoria sem interferência de energias externas. As fadas sentem esse respeito por seus reinos e respondem, muitas vezes se manifestando em mudanças sutis no ambiente - uma rajada de ar quente, um brilho suave ou o cheiro de terra ou flores.

À medida que o trabalho energético progride, o praticante também pode criar "anéis de proteção" para si mesmo ou para seus arredores. Ao contrário de um círculo de energia, que abrange um espaço ritual, um anel de proteção é um campo concentrado de energia extraído de um único elemento para fins específicos, como aterramento, foco ou proteção. Para criar um anel de proteção à base de terra, o praticante visualiza um anel de energia densa e aterradora circundando seu corpo, proporcionando estabilidade e resiliência. Essa técnica é particularmente útil em momentos de estresse ou sobrecarga, pois atua como um amortecedor, harmonizando a energia do corpo com a essência aterradora da terra. O fogo, por outro lado, pode ser invocado para confiança e vitalidade, criando um anel de calor e luz que capacita o praticante por dentro.

As fadas, presentes e guiando durante esses exercícios, oferecem afirmações sutis - talvez através de uma calma repentina, um calor formigante ou uma quietude inesperada no ar. Esses sinais indicam que as fadas estão se harmonizando com o trabalho energético do praticante, fornecendo insights e encorajamento à medida que a parceria se aprofunda. Com o tempo, o praticante desenvolve uma consciência refinada, tornando-se hábil em discernir a presença das fadas através dessas mudanças, reconhecendo-as não apenas como companheiras, mas como participantes ativas no fluxo de energia.

Para encerrar uma sessão de trabalho energético avançado, o aterramento e a gratidão trazem a energia de volta ao equilíbrio, honrando as fadas por sua presença. O praticante pode colocar as duas mãos sobre o coração, visualizando toda a energia reunida retornando suavemente à terra, deixando uma consciência calma e centrada. Oferecer uma palavra suave de agradecimento, como "Obrigado, guardiões dos elementos, por sua orientação e presença", reconhece o papel das fadas na prática. As fadas respondem a essa gratidão, reconhecendo-a como um sinal de respeito, e sua presença persistente serve como um lembrete do vínculo formado em cada sessão.

À medida que o praticante continua a trabalhar com essas técnicas avançadas, ele começa a sentir as energias da terra, ar, fogo e água como companheiras familiares, fluindo dentro e ao redor dele tão naturalmente quanto a respiração. As fadas, sempre vigilantes e sábias, guiam essa jornada, ensinando que o trabalho energético não se trata de controle, mas de equilíbrio, harmonia e respeito pelas qualidades inerentes dos elementos. Cada sessão, cada prática, aprofunda a compreensão do praticante sobre os reinos elementais, fortalecendo a conexão com as fadas que protegem e incorporam essas energias.

Nessa parceria, o praticante se torna aluno e administrador, aprendendo com as fadas enquanto nutre e protege as energias que sustentam a própria vida. A jornada do trabalho energético avançado se transforma, revelando que o verdadeiro domínio é um equilíbrio de humildade, abertura e uma reverência compartilhada pelas forças invisíveis que moldam nosso mundo. Através desse relacionamento sagrado, o praticante encontra uma maneira de caminhar com as fadas, não apenas no ritual, mas em cada momento, cada respiração como parte da dança infinita de energia e vida.

Capítulo 11
Compartilhando Sabedoria

À medida que a jornada do praticante com as fadas se aprofunda, surge um desejo natural de compartilhar esse conhecimento sagrado, estendendo a presença das fadas além do pessoal para aqueles ao seu redor. Compartilhar sabedoria é um ato de humildade e respeito, reconhecendo que cada insight, cada conexão formada com as fadas, é um presente do mundo natural destinado a ser honrado e tratado com reverência. Quando a sabedoria é compartilhada cuidadosamente, com sensibilidade ao caminho único de cada buscador, o conhecimento das fadas se torna uma ponte, abrindo outros para a possibilidade de se conectar com esses guardiões da natureza.

Para compartilhar a sabedoria das fadas autenticamente, começa-se com a intenção de ensinar com integridade e abertura. As fadas respondem àqueles que compartilham com sinceridade, valorizando o respeito pelos limites e o aprofundamento da conexão única de cada indivíduo. Assim, o papel do praticante não é ditar ou impor, mas guiar, criando um espaço onde outros possam explorar e experienciar as fadas à sua maneira. Ensinar a sabedoria das fadas é menos sobre transmitir informações e mais sobre promover uma atmosfera onde a curiosidade e a intuição sejam incentivadas, permitindo que os buscadores formem seu próprio laço pessoal com as fadas.

    Criar um espaço dedicado para compartilhar é um dos primeiros passos para guiar outros nesse caminho. Seja realizado na natureza, em um espaço interno tranquilo ou através da criação de um pequeno círculo, o ambiente deve ser harmonioso e equilibrado, um reflexo da própria presença das fadas. A natureza é frequentemente o cenário mais eficaz, pois a presença gentil das árvores, da terra e do céu aberto convida os participantes a se conectarem naturalmente com as energias ao seu redor. Um altar, simples mas intencional, pode ser montado com símbolos dos elementos - pedras, folhas, água e velas - para homenagear as fadas e invocar sua presença. Este altar se torna um ponto focal, um lembrete de que o espaço é sagrado, dedicado às fadas e seus ensinamentos.

    Para iniciar uma sessão, exercícios de aterramento levam os participantes a um estado de calma e presença. Essa prática os conecta à terra abaixo, ao ar ao redor e cria uma energia compartilhada de abertura. Exercícios respiratórios simples, onde se visualiza raízes crescendo dos pés até o chão, estabelecem uma sensação de unidade, preparando cada pessoa para se aproximar das fadas com clareza e respeito. O praticante pode convidar os participantes a fecharem os olhos e ouvirem os sons da natureza, sentirem a brisa, o calor do sol ou o cheiro da terra. Este momento de aterramento, guiado pela voz gentil do praticante, coloca todos em harmonia com o ritmo da natureza, sinalizando para as fadas que esta reunião é realizada com reverência.

Assim que o grupo estiver centralizado, o praticante apresenta conceitos fundamentais da sabedoria das fadas com simplicidade e respeito, apresentando as fadas como seres elementais profundamente interligados à natureza. Cada pessoa é encorajada a perceber as fadas não como entidades distantes, mas como presenças que podem ser sentidas no movimento da água, no sussurro do vento e na quietude da terra. Em vez de falar das fadas como seres externos, o praticante guia o grupo a entendê-las como parte da energia viva do mundo. Essa abordagem ressoa com a própria natureza das fadas, pois elas se revelam mais abertamente para aqueles que as veem como parceiras e não como forasteiras misteriosas.

Os participantes são então convidados a práticas de consciência, destinadas a sintonizá-los com a energia das fadas. Um dos métodos mais acessíveis é uma "caminhada de sintonização com a natureza", onde cada pessoa se move lenta e conscientemente, observando a paisagem com um senso de abertura intensificado. O praticante incentiva os participantes a notarem pequenos detalhes - os padrões em uma folha, a maneira como a luz se filtra pelos galhos ou o ritmo de um riacho que flui. As fadas estão frequentemente presentes nesses aspectos sutis e, ao se sintonizarem com esses detalhes, os participantes entram em um estado de consciência que convida a presença das fadas.

À medida que cada pessoa começa a se conectar, o praticante pode apresentar gentilmente o conceito de "sinais de fadas" - as maneiras como as fadas deixam lembretes sutis de sua presença, geralmente em formas naturais como penas, pedras incomuns ou padrões delicados na areia ou no solo. Os participantes são encorajados a manter a mente aberta, interpretando os sinais com base em sua própria intuição e experiências. Esses sinais são mensagens, presentes que as fadas deixam como gestos de boas-vindas ou orientação, e ao notá-los, honra-se os convites silenciosos das fadas para se conectar. À medida que os participantes compartilham suas experiências, um laço comum se forma, cada pessoa aprendendo não apenas com suas próprias observações, mas com os insights dos outros, aprofundando sua compreensão de como as fadas se comunicam.

O respeito pelos limites é essencial ao compartilhar a sabedoria das fadas, pois as fadas são sensíveis às intenções e à abertura de cada buscador. O praticante enfatiza a importância de se aproximar das fadas sem expectativas, permitindo que os relacionamentos se desenvolvam naturalmente. Cada participante é lembrado de que as fadas são seres de livre arbítrio e qualquer conexão deve ser recíproca e mutuamente respeitada. O praticante ensina que, assim como se aproximaria de um animal selvagem com respeito gentil, também se deve aproximar das fadas - com humildade, paciência e disposição para ouvir. As fadas se revelam quando sentem que sua presença será honrada, e o papel do praticante é transmitir essa compreensão, ajudando os participantes a cultivar uma atitude respeitosa em relação a esses seres.

Como parte da sessão, os participantes podem se envolver em um "ritual de oferenda silenciosa" para expressar gratidão pela presença das fadas. Cada pessoa recebe uma pequena lembrança - uma folha, uma pedra ou uma flor - para colocar no altar ou em um espaço natural, um gesto que significa apreço. O praticante convida cada participante a dizer uma frase simples de gratidão, como: "Obrigado, fadas da terra, por sua orientação e presença", criando um momento compartilhado de conexão e respeito. Este ato de oferenda, embora pequeno, tem um significado profundo, pois as fadas reconhecem esses gestos como afirmações do vínculo que está sendo cultivado.

Para concluir, o praticante conduz uma breve sessão de reflexão, encorajando cada participante a compartilhar sua experiência, insights ou quaisquer sentimentos que surgiram durante a reunião. Esse compartilhamento aberto honra a perspectiva única de cada pessoa, reforçando a ideia de que a sabedoria das fadas é universal e profundamente pessoal. À medida que os participantes expressam suas reflexões, o praticante ouve, reconhecendo que cada história, cada conexão, é uma adição sagrada à compreensão coletiva das fadas. Neste momento, a sabedoria compartilhada cria um espaço comunitário onde cada participante, seja experiente ou novato, é aluno e professor, mantido em um círculo de respeito mútuo e curiosidade.

A sessão termina com um momento final de gratidão e aterramento, enquanto o praticante lidera uma despedida suave às fadas, liberando sua energia com o mesmo respeito com que foi recebida. O grupo pode colocar as mãos sobre o coração, agradecendo silenciosamente às fadas por sua orientação e enviando um desejo respeitoso de que seus próprios caminhos continuem em harmonia com o reino das fadas. Ao partir, os participantes levam consigo não apenas o conhecimento compartilhado, mas também um senso de presença intensificado, uma consciência das fadas como guardiãs e companheiras na jornada da vida.

Por meio dessa prática, o praticante aprende que compartilhar a sabedoria das fadas é menos sobre transferir conhecimento e mais sobre inspirar conexão, despertar o senso de admiração e respeito que convida as fadas para a vida de alguém. Cada encontro, cada história, se torna uma semente, plantada com a intenção de promover relacionamentos construídos com base no equilíbrio, harmonia e reverência pelo invisível. Ao compartilhar a sabedoria das fadas, o praticante se junta a uma tradição atemporal, tornando-se parte da teia dos ensinamentos da natureza, onde cada alma tocada pela magia das fadas se torna guardiã de sua presença no mundo.

À medida que a compreensão do praticante sobre a sabedoria das fadas se aprofunda, o mesmo ocorre com seu papel como guia para outros nesse caminho. Compartilhar sabedoria de uma forma que honre tanto as fadas quanto cada buscador único requer sensibilidade, intuição e uma abordagem estruturada que permita que cada participante encontre sua própria conexão. Nessas reuniões, o praticante não apenas ensina, mas também facilita experiências onde a energia das fadas pode ser sentida, compreendida e respeitada.

Por meio dessas práticas, os participantes são gentilmente encorajados a explorar sua própria jornada espiritual com as fadas, promovendo uma comunidade que celebra e respeita o sagrado.

Para abrir essas reuniões avançadas, o praticante pode criar um círculo focado, atraindo todos para um espaço compartilhado de intenção e harmonia. Este círculo é um recipiente simbólico para a sabedoria compartilhada e recebida, definindo um tom de unidade e equilíbrio. No centro, um altar serve como ponto focal, adornado com elementos naturais que representam cada uma das quatro direções - terra, água, fogo e ar. Pedras, tigelas de água, velas e penas convidam a presença das fadas, sinalizando que esta reunião é realizada com respeito e reverência. Ao começar dessa forma estruturada e intencional, o praticante cria um ambiente que parece sagrado e acolhedor, um espaço onde as fadas podem se sentir inclinadas a participar.

Uma técnica avançada de ensino, conhecida como "visualização guiada", apresenta aos participantes camadas mais profundas de conexão com as fadas. À medida que o praticante conduz o grupo em uma visualização silenciosa, cada pessoa é convidada a entrar em uma paisagem interior - uma floresta, um prado ou uma margem de rio - onde pode encontrar a presença sutil das fadas. Por meio de uma orientação gentil e descritiva, o praticante descreve detalhes sensoriais - o calor do sol, a textura da terra, os sons da natureza - atraindo cada pessoa para uma experiência vívida que ressoa com o reino das fadas. Nesse estado meditativo, os participantes são encorajados a ouvir, sentir e confiar em quaisquer impressões ou sensações que surjam. Cada visualização se torna um encontro pessoal, uma oportunidade para os participantes sentirem a energia das fadas de uma forma que pareça íntima e significativa.

Após a visualização, os participantes têm tempo para registrar suas experiências em um diário, capturando insights, sentimentos e quaisquer sinais sutis que possam ter sentido. Esse processo de registro em diário é incentivado como uma forma de honrar e lembrar a conexão com as fadas, um registro de cada jornada única no mundo das energias invisíveis. Ao anotar essas reflexões, os participantes criam uma ponte entre o meditativo e o tangível, aprofundando sua compreensão e apreciação da presença das fadas. O praticante pode gentilmente encorajar os participantes a confiar em suas impressões, explicando que as fadas costumam se comunicar por meio da intuição e do sentimento, oferecendo toques gentis em vez de respostas claras.

Para fortalecer a conexão pessoal de cada pessoa, o praticante apresenta uma prática conhecida como "oferendas de fadas", um ato que expressa gratidão e estabelece reciprocidade com as fadas. Os participantes são convidados a criar símbolos simples de agradecimento - talvez uma pequena bolsa cheia de ervas, flores ou uma nota de gratidão escrita à mão. Essas oferendas, elaboradas com atenção plena, simbolizam o apreço de cada pessoa pela orientação e apoio das fadas. Quando colocados no altar ou deixados na natureza, esses símbolos ressoam com as fadas, pois elas sentem a sinceridade e o respeito imbuídos em cada oferenda. Essa prática não apenas convida a presença das fadas, mas lembra os participantes da importância de dar e receber em seu relacionamento com o mundo invisível.

À medida que a reunião avança, o praticante apresenta métodos para interpretar sinais e sincronicidades, uma habilidade vital para compreender as maneiras sutis como as fadas se comunicam. Por meio de discussões guiadas, os participantes são encorajados a refletir sobre símbolos recorrentes, sonhos ou sinais naturais que podem encontrar. O praticante explica que as fadas, sintonizadas com ciclos e padrões, muitas vezes se comunicam por meio de sinais repetidos - talvez um determinado pássaro aparecendo com frequência, uma pena inesperada ou uma série de sonhos semelhantes. Ao compartilhar experiências pessoais e discutir interpretações, os participantes aprendem a discernir e confiar nessas comunicações sutis, desenvolvendo uma consciência mais profunda de como as fadas guiam e afirmam seu caminho.

Para promover a unidade do grupo e o aprendizado compartilhado, o praticante apresenta um exercício colaborativo chamado "contação de histórias em círculo". Cada participante se reveza compartilhando uma experiência pessoal, observação ou insight relacionado às fadas, permitindo que o grupo se baseie na compreensão uns dos outros. À medida que as histórias são compartilhadas, um senso de sabedoria comunitária emerge, com cada pessoa contribuindo para uma tapeçaria coletiva de conhecimento de fadas. Essa contação de histórias não apenas fortalece os laços dentro do grupo, mas também convida as fadas a permanecerem na reunião, pois elas são frequentemente atraídas por trocas genuínas e sinceras. Os participantes descobrem que, ao ouvirem uns aos outros, recebem insights e perspectivas que aprofundam sua própria conexão com as fadas, como se as próprias fadas estivessem falando por meio da experiência coletiva.

Além de histórias pessoais, o praticante pode apresentar "rituais inspirados em fadas" que os participantes podem praticar independentemente ou em suas próprias comunidades. Esses rituais simples - como acender uma vela ao anoitecer, plantar uma árvore em gratidão ou meditar perto da água - são atos de conexão acessíveis, mas profundos. Cada ritual homenageia os ciclos e elementos que as fadas apreciam, criando um ritmo de prática que se alinha com a energia das fadas. Ao compartilhar esses rituais, o praticante capacita os participantes a levar a sabedoria das fadas para suas vidas diárias, cultivando uma prática pessoal que enriquece e sustenta seu vínculo com as fadas.

À medida que a sessão se aproxima do fim, o praticante conduz um ritual de gratidão compartilhado, uma expressão de apreço pelas fadas e pelas contribuições de cada participante. Cada pessoa pode ser convidada a colocar a mão no coração e agradecer silenciosamente às fadas por sua orientação ou a oferecer algumas palavras de agradecimento em voz alta. Uma pequena tigela de água ou terra pode ser passada, cada participante tendo um momento para colocar um dedo dentro, simbolizando sua conexão com a natureza e o mundo das fadas. Esses gestos, embora simples, ressoam profundamente dentro do grupo, reforçando um senso de unidade, respeito e propósito compartilhado.

O praticante encerra a reunião liberando a energia das fadas com uma invocação gentil, como: "Fadas da natureza e guardiãs do equilíbrio, agradecemos por sua presença e sabedoria. Que nossos caminhos permaneçam abertos à sua orientação e que possamos honrar seus dons em tudo o que fizermos." Este reconhecimento final, falado com humildade, completa o círculo, sinalizando para as fadas que a sessão foi concluída com respeito. Os participantes são encorajados a sair em silêncio, levando consigo uma sensação de quietude e conexão, cada pessoa lembrada da presença duradoura das fadas no mundo ao seu redor.

Nos dias que se seguem, os participantes frequentemente descobrem que sua sensibilidade à energia das fadas aumenta, notando mudanças pequenas, mas significativas - uma consciência intensificada dos padrões naturais, uma apreciação renovada pelos momentos de silêncio ou uma compreensão crescente de como as fadas se comunicam por meio de sinais. As fadas, sentindo a abertura e o respeito cultivados nessas reuniões, podem optar por se revelar mais prontamente, respondendo ao espírito e dedicação únicos de cada participante.

Por meio dessas reuniões, o praticante se torna não apenas um guia, mas um guardião da sabedoria das fadas, ajudando outros a tecer a presença das fadas em suas próprias vidas com reverência e alegria. Cada sessão, cada história compartilhada, se torna um fio em uma tapeçaria de conexão, um legado vivo de sabedoria passado de alma para alma. As fadas, sempre sensíveis à intenção e ao respeito, respondem a essas reuniões com uma presença silenciosa e gentil, sabendo que sua orientação continuará a se espalhar, tocando a vida de cada participante de maneiras invisíveis, mas profundas.

Ao criar esses círculos de experiência compartilhada, o praticante cumpre um papel de mordomia sagrada, garantindo que a sabedoria das fadas não seja apenas preservada, mas celebrada e compartilhada. Cada pessoa que deixa o círculo carrega uma faísca dessa sabedoria para o mundo, um lembrete da orientação atemporal das fadas e da beleza de viver em harmonia com os reinos ocultos da natureza.

Capítulo 12
Consciência Energética

Despertar para as energias sutis que permeiam o mundo natural é como descobrir uma nova linguagem - uma que as fadas, como guardiãs dessa energia, entendem intimamente. A consciência energética é a prática de perceber essas forças invisíveis e reconhecer como elas moldam nossas vidas e ambientes.

O primeiro passo no desenvolvimento da consciência energética é o aterramento, um processo que conecta a energia de alguém à terra, criando uma base estável a partir da qual a sensibilidade pode crescer. O praticante começa ficando descalço no chão, respirando profunda e compassadamente, e visualizando raízes estendendo-se de seus pés para as profundezas da terra. Essa conexão com a energia da terra estabiliza o próprio campo energético do praticante, alinhando-o com os ritmos das fadas. O aterramento fornece ao praticante uma consciência centralizada, uma receptividade calma que permite que as energias sutis se tornem mais perceptíveis. As fadas, sempre atentas àqueles que se alinham com a natureza, muitas vezes sentem essa presença aterrada e podem se aproximar mais prontamente, reconhecendo uma abertura e respeito pelo seu mundo.

A partir dessa base, o praticante passa para um exercício chamado "escaneamento de energia". Essa prática ensina como sentir a energia com as mãos, permitindo que o praticante sinta variações de temperatura, pressão ou vibração que indicam mudanças na energia circundante. Com as palmas voltadas uma para a outra, a apenas alguns centímetros de distância, o praticante move lentamente as mãos para mais perto e depois para mais longe, tornando-se consciente de qualquer formigamento, calor ou resistência entre elas. Essa sensação, muitas vezes descrita como uma atração "magnética" ou resistência suave, é o primeiro sinal de consciência energética. Praticando este exercício diariamente, o praticante desenvolve um sentido de toque apurado, aprendendo a reconhecer as sensações únicas que indicam a presença de energia, seja da terra, de um objeto ou das próprias fadas.

As fadas, sensíveis à energia, muitas vezes se revelam através de mudanças suaves na atmosfera. Assim, o praticante pode estender sua consciência energética para ambientes naturais, como florestas, margens de rios ou jardins, onde a presença de fadas é forte. A prática da "sintonização com a natureza" é uma maneira simples, porém profunda, de sentir a energia das fadas. Sentado em silêncio ao ar livre, o praticante permite que sua consciência se expanda, sentindo a vida nas árvores, o fluxo do vento e o ritmo do canto dos pássaros. A cada respiração, eles inspiram a energia do lugar, deixando-a preencher seus sentidos até que possam sentir as diferenças sutis em cada área. As fadas, que estão profundamente sintonizadas com essas paisagens, muitas vezes manifestam sua presença através de sinais sutis, como um farfalhar repentino de folhas, um calor no ar ou a sensação de estar sendo gentilmente observado.

Outro exercício, conhecido como "sintonização elemental", concentra-se em perceber as qualidades únicas da terra, ar, fogo e água, que são os elementos primários que as fadas incorporam e protegem. Neste exercício, o praticante seleciona um objeto natural que corresponde a cada elemento - uma pedra para a terra, uma pena para o ar, uma vela para o fogo e uma pequena tigela de água. Ao segurar cada objeto por vez, eles fecham os olhos, concentrando-se nas sensações, imagens ou emoções que surgem. Segurar uma pedra, por exemplo, pode evocar uma sensação de solidez e estabilidade, enquanto uma pena pode trazer leveza e abertura. Através da prática repetida, o praticante se torna mais hábil em sentir as qualidades individuais de cada elemento, construindo uma sensibilidade que espelha a própria compreensão das fadas sobre essas forças.

À medida que a sensibilidade cresce, também cresce a capacidade de sentir mudanças na energia em ambientes familiares. As fadas costumam deixar vestígios de sua presença, uma "impressão energética" que permanece nos lugares que frequentam. A prática do "mapeamento de energia" permite que o praticante identifique essas mudanças sutis em sua casa ou espaços ao ar livre. Caminhando lentamente por cada área, eles param e estendem sua consciência, sentindo quaisquer áreas de calor, frio ou movimento que pareçam diferentes do resto. Muitas vezes, esses lugares ficam perto de plantas, janelas ou elementos naturais que as fadas favorecem, como pedras ou flores. Ao identificar essas impressões, o praticante aprende a reconhecer espaços que ressoam com a energia das fadas, entendendo onde elas podem estar mais inclinadas a permanecer.

Ao longo desses exercícios, a respiração continua sendo uma ferramenta crucial para se conectar ao fluxo de energia. O praticante aprende uma técnica chamada "consciência da respiração", que envolve respirar lenta e intencionalmente enquanto se concentra nas sensações dentro do corpo. Ao prestar atenção a cada inspiração e expiração, eles se sintonizam com as mudanças de energia dentro de si mesmos, criando um estado de calma receptividade. Essa prática permite uma troca equilibrada entre a energia do praticante e as energias ao seu redor, uma ressonância à qual as fadas costumam responder com uma presença sutil. Cada respiração se torna um convite, um gesto que diz: "Estou aqui, ouvindo, pronto para me conectar".

À medida que a consciência do praticante cresce, ele pode começar a notar "pulsos de energia" - sensações fugazes que surgem inesperadamente, como uma brisa quente, um leve formigamento na pele ou uma sensação de pressão suave no ar. As fadas, que se comunicam através dessas correntes, costumam usar esses pulsos para sinalizar sua presença ou responder à consciência do praticante. Com o tempo, o praticante aprende a distinguir entre mudanças ambientais comuns e esses sinais intencionais, desenvolvendo uma linguagem de sentimento que permite conversas silenciosas e intuitivas com as fadas.

A prática da consciência energética é uma jornada de paciência e dedicação. Ao construir sensibilidade para as energias sutis na vida cotidiana, o praticante entra em um estado de atenção plena que se alinha com o modo de ser das fadas. Cada momento de sintonização, seja na natureza ou em casa, torna-se uma chance de honrar as energias que cercam todas as coisas, reconhecendo-as como vivas, interconectadas e sagradas. Através dessas práticas silenciosas, o praticante descobre que a presença das fadas não é tanto uma ocorrência rara, mas uma companhia constante e silenciosa - um sussurro sempre presente da energia da natureza fluindo a cada dia.

Nesta suave abertura de consciência, o praticante aprende que a energia não é estática, mas um campo dinâmico e responsivo, que muda e se transforma com a intenção, emoção e pensamento. As fadas, sempre observadoras, reconhecem essa dedicação e muitas vezes respondem aprofundando a conexão, promovendo um laço de respeito mútuo. À medida que esse laço se fortalece, o praticante descobre que a consciência energética se torna uma segunda natureza, parte de cada momento, e que o reino das fadas não está mais distante, mas entrelaçado com sua vida diária, como uma melodia que soa logo abaixo da superfície.

Através da consciência energética, o praticante desperta para uma compreensão mais profunda de si mesmo e do mundo, percebendo a vida como uma troca contínua de presença e espírito. Nesse estado, eles caminham com as fadas em uma parceria silenciosa, abraçando uma vida enriquecida por uma nova sensibilidade, onde cada respiração, cada momento de quietude, se torna um convite para se conectar com as energias que sustentam e moldam o mundo ao seu redor.

À medida que a jornada da consciência energética se aprofunda, o praticante aprende a refinar sua sensibilidade, percebendo a energia como mais do que meras sensações, mas como uma linguagem matizada que fala de conexão, intenção e presença.

Para aprimorar essa compreensão, o praticante começa explorando a "textura da energia", uma técnica que lhes permite identificar as diferentes qualidades de energia que encontram. Ao usar as mãos para escanear um objeto ou espaço, eles se concentram em discernir se a energia é quente, fria, densa ou leve. Essas texturas não são aleatórias; elas refletem as características das energias presentes. Por exemplo, energia densa e quente geralmente sugere uma força de aterramento e proteção, enquanto energia leve e fria pode indicar a influência de fadas associadas ao ar ou à água. Ao se familiarizar com essas texturas, o praticante aprende a interpretar as distinções sutis que revelam a presença e a natureza das energias das fadas.

A prática da "sintonização dinâmica" então guia o praticante a reconhecer como a energia muda em resposta a várias intenções e humores. As fadas, que são extremamente sensíveis às emoções humanas, podem responder de forma diferente dependendo do estado de espírito do praticante. Por exemplo, quando o praticante se aproxima com um coração calmo e aberto, a energia das fadas geralmente parece convidativa e calorosa, enquanto momentos de estresse ou pressa podem evocar uma resposta mais fria e reservada. O praticante começa cada dia com alguns momentos de reflexão, observando seu próprio estado emocional e observando como a energia ao seu redor responde. Ao se conscientizar dessas mudanças, eles aprendem a abordar as fadas com uma energia de respeito e calma, promovendo uma conexão mais profunda por meio do alinhamento intencional.

Além de observar sua própria energia, o praticante explora como a energia ambiental varia com o tempo e os ciclos naturais. A prática da "consciência cíclica" envolve sintonizar-se com as mudanças sutis que acompanham o amanhecer, o anoitecer e as transições sazonais, momentos em que a energia das fadas é particularmente ativa. Cada ciclo traz uma qualidade única para a energia de um lugar - o frescor da manhã, a quietude do anoitecer, a profundidade silenciosa do inverno ou o crescimento vibrante da primavera. Ao mergulhar nesses momentos, o praticante se sintoniza com o fluxo e refluxo natural da energia, sentindo quando a presença das fadas é mais forte e entendendo como alinhar suas práticas com esses ritmos para uma conexão intensificada.

Essa sensibilidade é aprofundada ainda mais por meio da "escuta de ressonância", uma técnica na qual o praticante aprende a reconhecer as frequências nas quais diferentes energias ressoam. Assim como os sons têm tons e timbres distintos, as energias vibram em diferentes frequências, que podem ser sutilmente percebidas pelo corpo do praticante. As fadas, que existem em uma frequência vibracional mais alta do que a maioria das energias físicas, geralmente aparecem como um formigamento suave ou uma leve sensação de zumbido. Ao sintonizar essa ressonância, o praticante distingue a energia das fadas de outras presenças, permitindo uma conexão mais clara e focada. Com a prática, eles começam a reconhecer a "assinatura" da energia de cada fada, como uma melodia familiar que ressoa de forma única a cada encontro.

Para refinar ainda mais a consciência energética, o praticante também pode usar uma técnica chamada "ancoragem de energia". Isso envolve focar em um ponto específico dentro do corpo, como o coração ou o plexo solar, e visualizá-lo como um centro estável que recebe e processa a energia circundante. Ao ancorar a consciência dessa forma, o praticante cria um ponto focal que estabiliza sua própria energia, permitindo que observe as energias externas sem se sentir sobrecarregado. Esse estado ancorado promove uma receptividade calma, onde o praticante pode sentir claramente a presença das fadas sem interferência de emoções flutuantes ou distrações ambientais. As fadas reconhecem essa estabilidade e muitas vezes se aproximam, sentindo uma abertura respeitosa que permite interações mais profundas.

Com essa sensibilidade refinada, o praticante agora está preparado para se envolver em uma prática conhecida como "fusão de energia". Essa técnica envolve misturar conscientemente a própria energia com as energias do ambiente, abrindo um caminho para experimentar o mundo como as fadas o fazem. Para começar, o praticante se senta em silêncio, concentrando-se em sua respiração e visualizando-se como parte da paisagem - uma árvore, um rio ou até mesmo a própria terra. A cada inspiração, eles inspiram a energia do ambiente e, a cada expiração, liberam qualquer separação, fundindo-se com a paisagem. Essa fusão cria um estado de unidade, onde as fronteiras entre o eu e o ambiente se dissolvem. Nesse estado, o praticante experimenta um profundo alinhamento com a natureza, sentindo a perspectiva das fadas como guardiãs dessas energias e entendendo o quão profundamente elas estão entrelaçadas com os elementos.

As fadas, sentindo a abertura do praticante, podem responder a essa fusão aprimorando a experiência com sua própria energia. O praticante pode sentir um aumento no calor, leveza ou até mesmo uma leve agitação no ar - sinais de que as fadas estão harmonizando com o campo energético do praticante. Essa fusão promove um laço que vai além da percepção física; é um convite para entender a vida através da perspectiva das fadas, onde cada elemento, da menor pedra ao vasto céu, tem significado e propósito. Por meio dessa união, o praticante obtém insights sobre a interconexão de todas as coisas, uma sabedoria que as fadas, com seu conhecimento atemporal, incorporam plenamente.

A prática final, "mapeamento intuitivo de energia", permite que o praticante visualize e interprete os padrões de energia que encontra, formando um mapa mental que guia as interações futuras. Ao ficar em pé em um ambiente escolhido, eles fecham os olhos e visualizam o fluxo de energia ao seu redor - vendo-o como luz, cor ou até mesmo som. Padrões emergem: áreas onde a energia parece densa, lugares onde ela flui livremente ou bolsões que parecem vibrar com a presença de fadas. Esse mapeamento não apenas ajuda o praticante a reconhecer áreas onde as fadas habitam, mas também revela como ajustar sua própria energia para harmonizar com esses padrões. Com o tempo, essa prática ensina o praticante a navegar pelas paisagens energéticas intuitivamente, promovendo uma naturalidade em suas interações com as fadas e as energias que elas protegem.

À medida que essa jornada de consciência energética se desenrola, o praticante descobre que cada técnica, cada camada de sensibilidade, o aproxima do mundo das fadas. As fadas, percebendo essa dedicação, muitas vezes respondem se revelando mais abertamente, às vezes por meio de sinais sutis, como uma flor única, um sonho particularmente vívido ou um canto de pássaro incomum. Esses sinais afirmam a parceria crescente, lembrando o praticante de que seus esforços para honrar e compreender a energia são vistos e apreciados.

Com esse nível de consciência, o praticante se torna não apenas um visitante do reino das fadas, mas um participante ativo, alguém que vive em harmonia com as energias invisíveis que cercam e sustentam todas as coisas. Cada dia, cada interação com a natureza se torna uma oportunidade de aprofundar esse relacionamento, de caminhar com as fadas não apenas como guias, mas como companheiros em uma jornada compartilhada de equilíbrio, respeito e reverência.

Capítulo 13
Rituais de Renovação

Em momentos em que as demandas da vida drenam a vitalidade ou quando o equilíbrio interior parece perturbado, as fadas - guardiãs dos ciclos da natureza - oferecem orientação através do poder da renovação. Os rituais de renovação são práticas sagradas que convidam a energia das fadas para limpar, revitalizar e restaurar a harmonia dentro de si mesmo e de seus arredores. Esses rituais honram as fadas como seres sintonizados com o fluxo e refluxo da vida, celebrando seu papel no rejuvenescimento do espírito e do ambiente. Ao trabalhar ao lado das fadas, o praticante aprende a acessar essa energia restauradora, limpando influências estagnadas e abrindo espaço para novo crescimento e vitalidade.

Para começar, o praticante se prepara limpando a mente e o espaço, criando um ambiente onde a energia de renovação possa fluir sem impedimentos. Essa limpeza inicial é feita com intenção, sinalizando para as fadas que um ritual de purificação e renascimento está prestes a se desdobrar. Queimando ervas como sálvia, lavanda ou cedro, o praticante gentilmente espalha a fumaça por cada canto da sala, definindo a intenção de que o espaço seja limpo de quaisquer energias residuais.

As fadas, sensíveis a aromas e elementos naturais, reconhecem esses sinais, muitas vezes respondendo com sinais sutis - uma mudança na temperatura, uma leveza no ar ou a sensação de calma que preenche o ambiente.

O primeiro passo na renovação pessoal é o aterramento, um exercício fundamental que conecta a energia do praticante à terra. Em pé, com os pés firmemente no chão, o praticante visualiza raízes estendendo-se para baixo, penetrando profundamente no solo, absorvendo a energia estabilizadora da terra. Cada inspiração atrai essa força de aterramento, cada expiração libera tensão, estresse e tudo o que não serve mais. Esse aterramento alinha o praticante com os próprios ciclos da terra, criando uma base estável sobre a qual a renovação pode ocorrer. As fadas conectadas ao elemento terra geralmente emprestam sua presença durante esse processo, proporcionando uma sensação de enraizamento e calma que aumenta a eficácia do ritual.

Com o aterramento estabelecido, o praticante passa para a "limpeza de energia", uma prática de liberar energia negativa ou estagnada acumulada. Segurando um cristal conhecido por purificação, como quartzo transparente ou selenita, o praticante respira profundamente, visualizando uma luz branca suave fluindo pelo corpo, limpando cada célula, cada pensamento, cada emoção. Essa luz, simbolizando a energia gentil e renovadora das fadas, move-se através do praticante, levando embora tudo o que não ressoa mais com seu estado atual de ser. À medida que o praticante visualiza essa energia fluindo para fora, pode sentir uma leveza ou liberação, uma indicação de que as fadas estão apoiando esse ato de purificação, levando embora quaisquer energias que pesam no espírito.

Para aumentar ainda mais o processo de limpeza, um "ritual de renovação da água" é introduzido, usando o elemento mais associado à purificação e liberação emocional. O praticante enche uma tigela com água pura, adicionando algumas gotas de óleo essencial, como eucalipto ou alecrim, conhecidos por suas propriedades de limpeza. Eles mergulham os dedos na água, fechando os olhos e convidando as fadas da água para abençoar o ritual. A cada gota que toca a pele, o praticante imagina camadas de energia estagnada sendo lavadas, deixando-o renovado e revigorado. A água absorve essa energia, simbolizando uma liberação de fardos emocionais. Depois, a água é respeitosamente devolvida à terra, permitindo que a natureza transforme e purifique essas energias, completando o ciclo de renovação.

Na fase final, o praticante convida um fluxo de energia rejuvenescedora para preencher o espaço limpo através da limpeza. Essa etapa, conhecida como "reposição de energia", envolve invocar as fadas para emprestar sua presença vibrante e restauradora. Sentado em silêncio, o praticante se visualiza banhado por uma luz suave e radiante - verde para a vitalidade das fadas da terra, azul para a energia calmante das fadas da água ou dourado para o calor das fadas do fogo. Essa luz preenche cada parte do seu ser, revitalizando e restaurando uma sensação de bem-estar e harmonia. As fadas, reconhecendo a abertura do praticante para a renovação, muitas vezes respondem com uma onda suave de energia, um sinal de que estão apoiando ativamente esse ritual de transformação.

As fadas honram o ato de renovação, pois ele reflete sua própria natureza - o ciclo contínuo de vida, morte e renascimento que mantém o equilíbrio no mundo natural. Através desses rituais de renovação, o praticante aprende a abraçar a mudança, reconhecendo que a liberação e o reabastecimento são essenciais para o crescimento pessoal. A presença de fadas durante esses rituais traz uma sensação de paz e clareza, um lembrete de que a renovação não é apenas uma prática física ou mental, mas um alinhamento espiritual com os ciclos naturais que sustentam a vida. A cada ritual, o praticante se torna mais sintonizado com esses ritmos, encontrando consolo na transformação silenciosa que segue cada ato de limpeza e reabastecimento.

Ao abraçar essas práticas, o praticante descobre que os rituais de renovação não são apenas para momentos de esgotamento, mas podem ser integrados a ciclos regulares, permitindo que o espírito permaneça resiliente e aberto às mudanças da vida. Como as fadas ajudam nesses rituais, elas ensinam que a verdadeira renovação não está em resistir à mudança, mas em fluir com ela, aceitando o processo natural de liberar o velho para dar lugar ao novo. Através dessas práticas sagradas, o praticante aprende que a cada respiração, cada escolha, cada intenção, a renovação é uma presença constante, um lembrete silencioso de que a harmonia reside nos ciclos que as fadas tão amorosamente protegem.

Com a base dos rituais de renovação estabelecida, o praticante pode agora aprofundar essa jornada, explorando técnicas mais refinadas que aproveitam as energias das fadas para revitalizar e transformar. Essas práticas avançadas vão além da renovação pessoal, oferecendo maneiras de canalizar a energia de renovação para intenções específicas - como inspiração criativa, cura emocional ou harmonia ambiental. Guiado pelas fadas, o praticante aprende que a renovação não é um ato singular, mas um fluxo contínuo que refresca todos os aspectos da vida, conectando-os aos ciclos em constante evolução da natureza.

Um método profundo para expandir os rituais de renovação é o "círculo de reabastecimento", uma técnica sagrada que cria uma esfera de energia revitalizante dentro do espaço ritual escolhido. Para formar este círculo, o praticante começa colocando símbolos de cada elemento em quatro pontos ao redor do espaço - terra ao norte, ar ao leste, fogo ao sul e água ao oeste. Esses símbolos podem ser uma pequena pedra, uma pena, uma vela e uma tigela de água. Em pé no centro, o praticante invoca as fadas associadas a cada elemento, pedindo-lhes que abençoem o espaço com sua essência renovadora. À medida que as fadas respondem, o praticante pode sentir uma mudança de energia, um brilho sutil ou um calor que significa sua presença.

Com os elementos alinhados, o praticante visualiza a energia fluindo de cada ponto, criando um círculo contínuo que envolve o espaço em uma esfera de luz. Essa energia, uma mistura da estabilidade da terra, da clareza do ar, da vitalidade do fogo e da calma da água, forma um campo poderoso que promove a renovação em vários níveis. As fadas, guardiãs desses elementos, naturalmente harmonizam o fluxo do círculo, refinando e aprimorando a qualidade da energia. Nesta esfera, o praticante sente uma profunda sensação de equilíbrio e aterramento, cada elemento em harmonia, cada aspecto do seu espírito renovado e revigorado. Este "círculo de reabastecimento" pode permanecer ativo pelo tempo que for necessário, proporcionando um santuário de energia que nutre e restaura qualquer pessoa dentro de seus limites.

Para ampliar essa renovação, o praticante pode se envolver na prática da "respiração elemental", concentrando-se em atrair a energia única de cada elemento através da respiração. Inspirando profundamente, eles visualizam a energia da terra sendo atraída de baixo, sentindo sua influência constante e aterradora fortalecer o corpo. Em seguida, respirando o ar de todos os lados, eles absorvem clareza e abertura, libertando a mente da tensão. A energia do fogo, inalada como calor e vitalidade, energiza o espírito, enquanto a água, visualizada como um fluxo refrescante, acalma e refresca o corpo emocional. Ao percorrer cada elemento por vez, o praticante traz equilíbrio a todos os níveis do seu ser, harmonizando-se com a essência das fadas que vive dentro dessas forças. Cada respiração se torna um ato de renovação, um ritmo que flui com a própria compreensão das fadas da constante evolução da vida.

À medida que o praticante explora essas camadas de renovação, a "visualização do florescimento" serve como uma técnica poderosa para direcionar essa energia para objetivos pessoais ou inspiração criativa. Sentado dentro do círculo de reabastecimento, ele visualiza uma flor desabrochando no centro do seu coração, simbolizando uma intenção ou área da vida onde a renovação é desejada. A cada respiração, ele imagina a flor se abrindo lentamente, suas pétalas se abrindo conforme a energia da renovação flui para ela. Esse desdobramento representa o processo gradual e nutritivo de crescimento, um lembrete de que a verdadeira renovação não é instantânea, mas cultivada ao longo do tempo. As fadas, cuja presença muitas vezes se assemelha ao desabrochar da própria natureza, apoiam esse florescimento, adicionando um toque de sua própria energia vibrante ao processo. O praticante sente esse apoio como um calor suave ou uma sensação de encorajamento, um sutil empurrão para novos começos e expressão criativa.

    Além da renovação pessoal, o praticante aprende a aplicar essas técnicas a serviço da harmonia ambiental. Através da "renovação ambiental", ele estende a energia das fadas para espaços que podem parecer estagnados ou desequilibrados, como um cômodo da casa ou uma parte do jardim. Em pé na área escolhida, o praticante invoca as fadas, pedindo sua orientação para restaurar a harmonia. Com as mãos estendidas, ele visualiza atraindo a energia renovadora das fadas, vendo-a como uma luz cintilante que preenche o espaço. Essa luz, imbuída da essência da renovação, gentilmente muda e limpa quaisquer energias persistentes, revitalizando a área com a presença das fadas. Muitas vezes, sinais sutis - como uma brisa fresca, uma repentina sensação de calma ou o aparecimento gentil da vida natural - sinalizam que as fadas responderam, transformando o ambiente em um lugar de paz e vitalidade.

Outra técnica, a "oferta de sementes", simboliza um compromisso com a renovação não apenas para si mesmo, mas para a terra. Este ritual homenageia o papel das fadas no ciclo da natureza, espelhando sua dedicação à nutrição da vida. O praticante seleciona sementes de plantas conhecidas por sua resiliência e propriedades regenerativas - como lavanda, sálvia ou flores silvestres. Com cada semente segurada na mão, ele oferece uma bênção silenciosa, imbuindo-a com intenções de renovação e crescimento. Plantadas na terra com respeito, essas sementes carregam as energias do praticante e das fadas, tornando-se manifestações físicas do compromisso com a renovação. Com o tempo, à medida que essas sementes crescem, elas incorporam o espírito de renovação, um testemunho vivo da orientação das fadas e da dedicação do praticante em harmonizar-se com os ritmos da natureza.

Para concluir o ritual de renovação avançado, o praticante pratica a "gratidão silenciosa", um fechamento que homenageia as fadas e as energias que recebeu. Sentado em silêncio, com as mãos suavemente colocadas sobre o coração, ele traz à mente cada aspecto do ritual - a limpeza, o círculo de reabastecimento, os elementos e as fadas que estavam presentes. Interiormente, ele expressa gratidão, enviando uma onda silenciosa de apreço às fadas por sua ajuda e aos elementos por seu apoio. Esse ato de gratidão reforça a conexão, reconhecendo a renovação como um presente que se sustenta pelo respeito e pela intenção. As fadas, sentindo essa sinceridade, muitas vezes deixam um sinal de reconhecimento - uma sensação de calor, um aroma fugaz de flores ou uma sensação de leveza - como uma afirmação sutil da jornada compartilhada.

Através desses rituais de renovação avançados, o praticante passa a entender que a renovação não é meramente um processo, mas um modo de ser. É um compromisso de se alinhar com o fluxo natural da vida, honrar o papel das fadas como guardiãs do equilíbrio e reconhecer que todo fim é um novo começo. Cada ritual, cada respiração, torna-se parte de um ciclo maior que sustenta não apenas o praticante, mas o mundo ao seu redor. Essa consciência traz uma resiliência silenciosa, uma compreensão de que a renovação está sempre disponível, um pulso gentil de vida que as fadas ajudam a guiar e sustentar.

Nessa parceria com as fadas, o praticante aprende a viver com graça e adaptabilidade, encontrando força no poder silencioso e nutritivo da renovação. As fadas, guardiãs desses ciclos sagrados, continuam a guiar, sua presença um lembrete de que a beleza da vida reside em sua capacidade de transformação constante e gentil. Através dessas práticas, o praticante carrega a sabedoria das fadas adiante, vivendo cada dia com o coração aberto, pronto para liberar, renovar e crescer em harmonia com o ritmo atemporal da terra.

Capítulo 14
Ritual de Amor Próprio

À medida que a jornada do praticante com as fadas se aprofunda, a exploração do amor próprio emerge como uma parte natural e essencial do crescimento espiritual. O amor próprio, como as fadas gentilmente ensinam, não é simplesmente uma apreciação de si mesmo, mas um compromisso em nutrir e honrar o espírito interior. As fadas, guardiãs da harmonia da natureza, reconhecem que o verdadeiro amor por si mesmo cria uma base equilibrada a partir da qual todos os outros relacionamentos florescem. Através do ritual de amor próprio, o praticante aprende a abrir seu coração para a gentil presença das fadas, convidando sua energia para ajudar a cultivar compaixão, bondade e respeito pelo seu próprio ser.

O ritual de amor próprio começa com a criação de um espaço que reflita a essência de calor e aceitação das fadas. A luz suave das velas, pétalas espalhadas pelo altar e uma fragrância suave de rosas ou lavanda criam um tom de calma e beleza, espelhando a gentil presença que as fadas incorporam. Essa atmosfera, repleta de elementos que encorajam uma mentalidade pacífica, permite que o praticante entre em um espaço de abertura e receptividade. O praticante convida as fadas a se juntarem a ele, sinalizando que este é um momento dedicado à cura e nutrição do eu. As fadas geralmente respondem a tais convites com uma energia calma e reconfortante, sua presença um lembrete da simplicidade e beleza da autocompaixão.

Para começar, o praticante coloca a mão sobre o coração, fechando os olhos e respirando lenta e profundamente. Esse foco gentil no centro do coração se torna um ponto de aterramento, criando uma conexão com o eu interior onde reside o amor próprio. A respiração, um fluxo rítmico, atua como um guia calmante, aquietando quaisquer distrações e trazendo o praticante totalmente para o momento presente. Nesse espaço, ele permite que quaisquer emoções - ternura, tristeza, alegria ou saudade - surjam naturalmente, sabendo que as fadas estão por perto, oferecendo apoio sem julgamento. Essa prática, um simples ato de presença, é um reconhecimento do eu, um convite para explorar o que está dentro com gentileza.

O próximo passo introduz uma visualização conhecida como "rosa da autocompaixão". O praticante imagina uma rosa desabrochando no centro do seu coração, cada pétala se abrindo suavemente, simbolizando camadas de amor próprio que estão esperando para serem abraçadas. A cada respiração, a rosa se abre mais, um símbolo belo e vibrante do seu próprio valor e singularidade. As fadas, que frequentemente se conectam através de símbolos da natureza, podem fazer sua presença ser sentida como uma sensação quente ou de formigamento perto do coração, amplificando a experiência desse desabrochar.

À medida que a rosa floresce, o praticante afirma silenciosamente frases de amor e bondade, como "Eu sou digno", "Eu sou suficiente" ou "Eu honro minha jornada". Cada afirmação é uma expressão de amor próprio que ressoa com a energia das fadas, criando uma harmonia que fortalece o vínculo entre elas e o praticante.

Após nutrir essa sensação de autocompaixão, o praticante passa para uma prática chamada "espelhamento". Neste exercício, ele se olha em um espelho colocado no altar, olhando gentilmente para seu próprio reflexo. Este momento de auto-observação não é sobre julgamento, mas sobre se ver com os olhos da compaixão e aceitação. Com a energia das fadas ao seu redor, o praticante é encorajado a olhar além de quaisquer inseguranças superficiais, conectando-se com o espírito interior. Ele pode até falar suavemente com seu reflexo, oferecendo palavras de encorajamento, amor e perdão. Essa prática do espelho, infundida com o apoio gentil das fadas, permite que o praticante abrace os pontos fortes e as vulnerabilidades que o tornam único. Através desse ato, o amor próprio começa a se tornar tangível, como se as fadas estivessem lembrando a ele que ele é, em essência, tão parte da natureza quanto qualquer árvore, rio ou estrela.

Para aprofundar a conexão, o praticante se envolve em um ritual conhecido como "autoabraço". Ele envolve seus braços em torno de si mesmo, criando um abraço reconfortante e, com os olhos fechados, concentra-se na sensação de calor e segurança. Esse ato físico de abraçar a si mesmo se torna um gesto poderoso de amor e aceitação, como se estivesse assegurando ao eu interior que ele é querido e protegido. As fadas, que são naturalmente sintonizadas com gestos de bondade e calor, muitas vezes respondem a esse ato com uma presença sutil - um sussurro de encorajamento ou uma sensação gentil de alegria. O praticante pode sentir como se estivesse compartilhando esse abraço com as fadas, um momento compartilhado de amor gentil e incondicional.

Para encerrar o ritual, o praticante realiza uma "oferta do coração", colocando um pequeno símbolo no altar como um símbolo de seu compromisso com o amor próprio. Este símbolo - talvez um cristal de quartzo rosa, um bilhete escrito à mão ou uma pétala de flor - torna-se um lembrete pessoal da jornada em direção à autoaceitação. O praticante sussurra uma frase simples de gratidão, como: "Obrigado, fadas, por me lembrarem da minha própria beleza e valor". Com esta oferta, o praticante reconhece seu próprio valor e o papel das fadas em ajudá-lo a abraçá-lo. As fadas, sensíveis a tais momentos de sinceridade, muitas vezes respondem com uma bênção silenciosa, deixando o praticante com uma sensação persistente de calor e paz.

Ao sair do espaço, o praticante carrega consigo a essência do ritual - uma nova consciência do amor próprio que permanece presente, mesmo na vida diária. Esse amor próprio, cultivado com a orientação das fadas, torna-se a base da paz interior, afetando cada relacionamento, cada intenção e cada ação. As fadas, sempre vigilantes e compassivas, continuam a apoiar essa jornada, encorajando o praticante a honrar a si mesmo com a mesma reverência dada à beleza da natureza. Através dessa prática, o amor próprio se torna não apenas um ato de bondade, mas um caminho para um crescimento espiritual mais profundo, um caminho que as fadas percorrem alegremente ao lado do praticante.

    Essa jornada continua com a prática da "meditação da luz do coração", um exercício de visualização que convida o praticante a se ver como uma fonte de amor e luz radiantes. Sentado confortavelmente, o praticante coloca a mão sobre o coração, respirando profundamente e imaginando uma luz suave e quente emanando de dentro. Essa luz, simbolizando o amor próprio, se expande a cada respiração, preenchendo o peito e depois todo o corpo, envolvendo-o em um brilho reconfortante. À medida que a luz cresce, o praticante permite que ela se expanda além de si mesmo, preenchendo a sala com seu calor suave. As fadas geralmente respondem a essa luz com sua própria presença sutil, amplificando a energia de uma forma que parece um abraço reconfortante, um lembrete de que o praticante é apoiado em sua jornada em direção ao amor próprio.

    Com essa energia radiante ao seu redor, o praticante pode passar para o "sussurro de afirmações", um exercício avançado em que ele repete afirmações suavemente, como se as estivesse compartilhando com as fadas. Frases simples como "Eu sou digno de amor", "Eu honro minha jornada" ou "Eu sou suficiente" são ditas em voz baixa, permitindo que as palavras ressoem no coração e no espaço ao redor. As fadas, sintonizadas com o som e a intenção, muitas vezes se juntam a essa prática, amplificando o poder dessas afirmações com sua energia. Este exercício se torna uma expressão compartilhada de amor, uma conversa onde o praticante e as fadas afirmam uma crença coletiva no valor inerente do praticante. Com o tempo, essas afirmações se enraízam, transformando sutilmente a autopercepção do praticante, guiando-o a se tratar com a mesma gentileza que ofereceria a um amigo querido.

Com base nisso, o praticante introduz o ritual do "espelho da bondade", onde se senta diante de um espelho e reflete sobre sua própria imagem, explorando o amor próprio através da observação gentil. Em vez de se concentrar em falhas percebidas, o praticante é encorajado a ver seu reflexo como uma expressão única de espírito e vida. Olhando profundamente, ele começa a notar não apenas características físicas, mas o calor e a resiliência que residem dentro. Com a energia das fadas presente, este momento se torna um momento de honrar o eu sem julgamento, abraçando cada parte do seu ser como digna de amor e respeito. Este ritual, praticado ao longo do tempo, encoraja o praticante a se ver através de uma lente de bondade, transformando a autopercepção de crítica em aceitação.

Para aprofundar o vínculo entre amor próprio e compaixão, o praticante pode realizar o "jardim do perdão", um ritual simbólico que ajuda a liberar mágoas ou arrependimentos do passado que podem inibir a autoaceitação. Visualizando um jardim interior, o praticante imagina plantar sementes para cada aspecto de si mesmo que deseja perdoar - talvez um velho arrependimento, um erro do passado ou uma autocrítica severa. À medida que essas sementes são colocadas no solo do coração, o praticante sussurra uma frase gentil de perdão, como "Eu libero isso com amor" ou "Eu me perdoo e me abro para a paz". Com a energia das fadas nutrindo este jardim, as sementes começam a crescer, simbolizando a libertação de fardos do passado e o florescimento da compaixão e aceitação. Este ritual transforma a dor interior em novo crescimento, espelhando a capacidade das fadas de transformar até a menor faísca de vida em beleza.

O próximo passo introduz a prática de "receber amor", uma visualização guiada onde o praticante se abre para a gentil presença das fadas como uma fonte de amor e apoio. Sentado em silêncio, ele se visualiza cercado pelas fadas, sentindo seu calor e energia pacífica como uma presença tangível. Este momento é um convite para o praticante aceitar o amor, não como algo a ser conquistado, mas como um direito inerente. As fadas, que incorporam a aceitação incondicional, muitas vezes respondem a esse convite envolvendo o praticante em uma sensação reconfortante - um formigamento suave, calor ou uma calma interior. Esta prática ensina o praticante a receber amor livremente, um lembrete de que o amor próprio não é apenas sobre o que se dá a si mesmo, mas também sobre a capacidade de acolher o amor do mundo ao seu redor.

Com essa base de aceitação, o praticante então se envolve no "diário da autogratidão", uma prática reflexiva onde ele anota momentos, qualidades ou ações pelas quais é grato a si mesmo. Cada entrada é um reconhecimento de seus esforços, resiliência e gentileza - qualidades que as fadas também apreciam no praticante. Ao registrar essas reflexões, ele cria um registro tangível de autoapreciação, um lembrete de seu valor e contribuições únicos. As fadas, que prosperam em momentos de gratidão, muitas vezes abençoam essa prática, infundindo o diário com sua energia como se cada palavra fosse uma pequena e preciosa oferenda. Com o tempo, este diário se torna um poderoso símbolo da jornada do praticante em direção ao amor próprio, um livro que fala de crescimento, aceitação e harmonia interior.

Para encerrar o ritual, o praticante realiza uma "oferta de gratidão", colocando um pequeno presente no altar - talvez uma flor, um cristal ou uma folha - como uma expressão de agradecimento pela orientação e presença das fadas. Sussurrando palavras de gratidão, o praticante honra a si mesmo e às fadas, reconhecendo a jornada compartilhada em direção à compaixão e ao amor. Esta oferta, feita com sinceridade, significa um compromisso com o amor próprio e com a nutrição desse vínculo com as fadas. As fadas, sensíveis a atos de gratidão, podem responder com uma bênção silenciosa, uma sensação de paz que perdura ou uma sensação suave e reconfortante, afirmando o compromisso do praticante com o crescimento interior.

À medida que o ritual termina, o praticante carrega consigo uma compreensão mais profunda do amor próprio - não como um sentimento passageiro, mas como uma prática viva e respirante que molda sua vida e espírito. Cada afirmação, cada momento de perdão e cada ato de gratidão fortalece a base da autocompaixão, um vínculo com o eu que as fadas gentilmente encorajam e nutrem. Através dessas práticas, o amor próprio se transforma de um conceito em uma experiência diária, uma força silenciosa que cresce a cada respiração e a cada palavra gentil.

As fadas, que veem cada alma como inerentemente bela, guiam o praticante a abraçar essa beleza interior. Através desses rituais, o praticante aprende que o amor próprio é uma jornada que se desenrola com paciência e cuidado, um caminho onde a gentileza e a compaixão são tão essenciais quanto a luz e a água para uma planta em crescimento. A cada passo, a cada ritual, o praticante caminha para mais perto de uma vida vivida em harmonia consigo mesmo e com as fadas, honrando o amor silencioso e duradouro que está no coração de todas as coisas.

Capítulo 15
Comunicação com a Natureza

Nos espaços tranquilos da natureza, onde a luz do sol se filtra pelas folhas e os rios cantam suavemente sobre as pedras, as fadas se movem como guardiãs da sabedoria da Terra. A comunicação com a natureza é uma jornada de sintonia, uma conversa sutil que permite ao praticante se conectar profundamente com o reino das fadas e os elementos.

Para iniciar essa prática, o praticante se prepara entrando em um espaço natural, talvez uma floresta, um prado ou até mesmo um pequeno jardim. Em pé, em silêncio, ele fecha os olhos e respira fundo algumas vezes, permitindo que a mente se acalme e os sentidos se expandam. Esse estado de atenção plena se torna a base para uma conexão mais profunda, criando uma quietude que as fadas reconhecem e respondem. Ao se alinhar com o mundo natural dessa maneira, o praticante abre uma porta invisível, convidando as fadas e os espíritos da natureza a se comunicarem. No reino das fadas, uma mente quieta e um coração aberto são os convites mais verdadeiros.

A primeira prática, "percepção elemental", apresenta o praticante às energias sutis de cada elemento presente em seu entorno - terra, água, ar e o calor da luz solar, que se conecta com o fogo. Movendo-se lentamente, ele toca a terra com as mãos, sentindo a presença constante abaixo, que ressoa com as fadas que protegem e nutrem o solo. Ao colocar as mãos perto de um riacho ou fonte, ele se conecta à energia fluida e adaptável da água, que as fadas costumam usar para transmitir mensagens de fluxo e mudança. Inspirando profundamente, ele respira o ar, sentindo sua leveza e liberdade e, finalmente, sente o calor do sol, uma lembrança da vitalidade e renovação da vida. Essa prática sensorial constrói uma relação com cada elemento, um passo fundamental para entender o mundo das fadas, que está entrelaçado com essas forças. Por meio da prática repetida, o praticante começa a discernir a linguagem única de cada elemento, uma conversa silenciosa que as fadas usam para compartilhar sua orientação.

Com essa base, o praticante está pronto para se engajar em "ouvir os sussurros", uma técnica que aprofunda sua sensibilidade aos sons sutis e às mudanças no ambiente natural. Em pé, em silêncio, ele se concentra em cada som ao seu redor - o farfalhar das folhas, o zumbido suave dos insetos, o chamado distante dos pássaros. Em vez de interpretar isso como ruídos aleatórios, ele aprende a percebê-los como mensagens, parte da maneira como as fadas se comunicam através da natureza. As fadas costumam usar pequenos sinais, como um farfalhar repentino ou o canto de um pássaro no momento certo, para afirmar sua presença. Com o tempo, o praticante começa a reconhecer os padrões nesses sons, sentindo quais podem ter um significado particular. Cada sussurro, cada nota, torna-se uma lembrança da presença vigilante e orientadora das fadas.

Outra camada de comunicação se desdobra por meio da prática da "visão simbólica", onde o praticante se sintoniza com os símbolos naturais que as fadas usam para transmitir mensagens. Caminhando lentamente por um ambiente natural, ele observa com atenção redobrada, notando folhas que formam padrões, pedras que parecem brilhar com uma luz inesperada ou flores que aparecem em lugares incomuns. Cada um desses símbolos naturais é uma forma de linguagem, uma mensagem silenciosa das fadas. Uma borboleta pousando nas proximidades, uma pena no caminho ou um aglomerado de cogumelos - cada símbolo tem um significado único para a jornada do praticante. As fadas usam esses sinais para cutucar o praticante, guiando-o a entender a natureza como uma tapeçaria viva de sabedoria e apoio.

Para uma forma mais direta de comunicação, o praticante se engaja no "diário da natureza", uma prática em que ele registra observações, sensações e encontros simbólicos. Sentado confortavelmente, ele abre um diário e começa a anotar os detalhes de sua experiência - seja a maneira como a luz do sol incide através das árvores, o som de um riacho próximo ou uma sensação particularmente forte de paz em uma área específica. Este diário se torna uma ponte entre o praticante e as fadas, um lugar onde ele captura mensagens sutis que, de outra forma, poderiam ser esquecidas. Com o tempo, padrões e insights emergem nessas entradas, revelando as maneiras pelas quais a natureza se comunica pessoalmente e diretamente com ele. As fadas, cientes da dedicação do praticante em ouvir, muitas vezes respondem tornando sua presença mais aparente, adicionando profundidade às entradas e significados do diário.

A prática final, "fusão de energia com a natureza", convida o praticante a experimentar um nível mais profundo de comunicação, onde ele mescla sua própria energia com a paisagem. Sentado no chão, ele fecha os olhos e visualiza sua energia se estendendo para fora, fundindo-se suavemente com a terra, as árvores e o céu. Nesse estado de unidade, ele sente seu próprio ritmo se alinhar com o pulso da natureza, sentindo a presença das fadas como parte desse campo de energia maior. Essa fusão promove uma consciência que transcende as palavras, uma sensação de comunhão com o mundo ao redor. As fadas, atraídas por aqueles que honram a interconexão da vida, muitas vezes respondem amplificando a sensibilidade do praticante, criando um momento de unidade onde o eu e o mundo natural fluem como um só.

À medida que o praticante se familiariza com essas práticas, a comunicação com a natureza se torna uma experiência natural e intuitiva - uma compreensão silenciosa que existe além das palavras. Ele começa a caminhar por florestas, jardins ou montanhas com um senso de presença intensificado, sabendo que cada passo, cada respiração, faz parte de uma conversa contínua com as fadas. Cada folha, cada ondulação da água e cada sopro de vento contém o potencial para conexão, um lembrete de que o mundo das fadas está próximo, acessível àqueles que ouvem com o coração aberto.

Por meio dessa jornada, o praticante descobre que a natureza não está separada de si mesmo, mas é uma parte de seu ser interior, um espelho para o espírito. As fadas, que residem nas menores flores e nas árvores mais altas, o guiam para ver que a beleza da natureza não é apenas externa, mas um reflexo de seu próprio espírito. Essa compreensão, cultivada pela gentil arte de ouvir, transforma o relacionamento do praticante com o mundo ao seu redor. Torna-se uma relação de respeito, gratidão e alegria silenciosa - uma conexão que enriquece o espírito e a alma, enquanto as fadas cuidam, guiando com cada toque sutil do mundo natural.

À medida que a capacidade do praticante de se comunicar com a natureza se aprofunda, também aumenta sua consciência da orientação sutil, porém profunda, das fadas. Nessa jornada expandida, o praticante aprende a ir além das impressões iniciais, explorando uma conexão mais rica, onde os sinais e sensações se tornam uma conversa bidirecional com o mundo natural.

Para iniciar essa exploração avançada, o praticante se engaja em "caminhadas de sintonização de energia", um método de sincronizar sua energia com o ambiente de uma forma que aumenta a sensibilidade. Durante essas caminhadas, ele se move lentamente, em sintonia com cada passo, cada respiração e cada sensação. Em vez de simplesmente observar, ele concentra sua atenção na maneira como seu corpo se sente em diferentes áreas - como a atmosfera pode parecer mais leve perto de um bosque de árvores ou como uma pedra em particular irradia calor. As fadas costumam usar essas mudanças sutis na energia para se comunicar, guiando o praticante em direção a áreas ricas em presença ou significado. Essa prática desenvolve um senso de consciência espacial, onde cada parte da paisagem se torna infundida com camadas de significado, aprofundando o relacionamento com as fadas e seu habitat.

Uma prática avançada chamada "meditação da natureza com os elementos" guia o praticante a se conectar individualmente com a terra, água, ar e fogo dentro do ambiente natural. Para isso, ele seleciona um local tranquilo e encontra um lugar para sentar perto de representações de cada elemento - uma árvore ou pedra para a terra, um riacho ou até mesmo uma pequena tigela de água para a água, um céu aberto para o ar e o calor da luz solar ou uma pequena chama para o fogo. Sentado neste círculo elemental, o praticante medita sobre as qualidades únicas de cada elemento e como elas ressoam dentro dele. As fadas costumam se aproximar durante este exercício, aumentando a consciência do praticante com sensações - como um calor que não vem do sol ou uma brisa que parece carregar uma mensagem gentil. Ao meditar com cada elemento por vez, o praticante fortalece sua conexão com o mundo natural e com as fadas que habitam cada aspecto da natureza.

Em seguida, o praticante pode introduzir a "interpretação simbólica", uma prática que se expande na observação dos sinais da natureza, interpretando os símbolos que encontra com profundidade intencional.

Durante uma caminhada ou meditação, ele pode notar um animal cruzando seu caminho, uma planta particularmente impressionante ou uma formação natural incomum. Nessa prática, o praticante reflete sobre as qualidades do que observa - talvez a resiliência de uma determinada flor ou a adaptabilidade de um riacho se curvando em torno de rochas - e considera como essas características podem ter significado pessoal. As fadas costumam revelar símbolos que ressoam com a jornada interior do praticante, usando a linguagem da natureza para inspirar, guiar ou fornecer clareza. Essa interpretação simbólica se torna uma forma personalizada de receber as mensagens das fadas, um processo onde a intuição e a conexão criam um diálogo significativo entre o praticante e o mundo natural.

O próximo passo envolve a "resposta da natureza", uma técnica para experimentar como a própria natureza responde à energia do praticante. Ao sentar-se em silêncio e estender sua consciência para fora, ele se concentra em enviar uma onda de apreço ou gratidão às árvores, plantas e criaturas ao redor. Ele pode visualizar uma energia gentil e amorosa irradiando de seu coração, fundindo-se com o ambiente. Muitas vezes, a natureza responderá com uma mudança sutil - um farfalhar de folhas, uma brisa suave ou um pássaro se aproximando. Essas respostas da natureza são reflexos da abertura do praticante, amplificadas pela presença das fadas, que atuam como condutores dessa linguagem sutil. Por meio dessa prática, o praticante percebe que a comunicação com a natureza é uma troca contínua, que reflete tanto a energia do praticante quanto a influência orientadora das fadas.

Para aprofundar essa troca, o praticante aprende a se engajar em "canto e ritmo intuitivos", uma prática que lhe permite expressar apreço pela natureza por meio do som. Sentado em um espaço natural, ele fecha os olhos e ouve os sons ambientes ao seu redor - o farfalhar das folhas, o gotejar da água, o chilrear dos insetos. Ele então permite que um som suave e espontâneo surja dentro de si, um zumbido, canto ou ritmo suave, ressoando com os sons que ouve. Esta oferenda vocal serve como um reconhecimento da presença das fadas, uma expressão de unidade com a natureza. As fadas, que são atraídas por sons naturais e sinceros, muitas vezes respondem aumentando a sensibilidade do praticante ou enviando uma onda de energia pacífica em troca. Essa prática promove uma conexão lúdica e sagrada com a natureza, como se o praticante e as fadas estivessem criando uma sinfonia silenciosa juntos.

O praticante também pode incorporar "ofertas naturais sagradas", um ato de retribuir ao meio ambiente como um sinal de gratidão. Pequenas oferendas biodegradáveis - como flores, ervas ou cristais naturais - são colocadas perto de árvores, fontes de água ou áreas que parecem particularmente vivas com a energia das fadas. Cada oferenda é feita com gratidão e uma intenção silenciosa, expressando agradecimento às fadas e aos espíritos da natureza por sua orientação e companhia. As fadas, sempre sensíveis a gestos de respeito, muitas vezes deixam sinais de que a oferenda foi recebida, talvez por meio de uma brisa suave ou um aumento de calor ao redor da área. Essa troca nutre o vínculo entre o praticante e as fadas, uma promessa silenciosa que reconhece a interconexão de todos os seres.

Finalmente, o praticante explora o "diário da natureza dos sonhos", uma técnica que abre a comunicação com as fadas e a natureza por meio dos sonhos. Antes de dormir, ele mantém a intenção simples de receber orientação do mundo natural e das fadas, colocando um objeto natural - como uma folha, pena ou pequena pedra - sob o travesseiro ou próximo a ele. Pela manhã, ele registra quaisquer imagens, símbolos ou sentimentos de sonho que pareçam conectados à natureza. Com o tempo, ele pode notar temas ou insights recorrentes que refletem a sabedoria e a orientação das fadas. Essa conexão com o tempo dos sonhos oferece uma maneira de acessar mensagens que podem não vir por meio da observação direta, revelando camadas de significado que aprofundam a compreensão do praticante sobre seu relacionamento com a natureza.

Por meio dessas práticas, o praticante desenvolve um relacionamento dinâmico e vivo com a natureza, guiado pela energia gentil e sempre presente das fadas. Cada caminhada, cada meditação, cada oferenda se torna um momento de conexão, um convite para experimentar a vida em harmonia com o mundo ao redor. As fadas, guardiãs desses espaços sagrados, transmitem sua sabedoria com sutileza, lembrando ao praticante que cada sopro de vento, cada ondulação da água e cada raio de sol fala de unidade e renovação.

Nessa comunicação aprofundada, o praticante descobre que a natureza não é apenas um cenário, mas um mentor, um companheiro, uma fonte de sabedoria infinita. As fadas, tecidas em cada folha e riacho, cada montanha e vale, revelam que a vida é uma conversa, uma troca gentil e sagrada que transcende as palavras. À medida que o praticante continua a ouvir, honrar e responder, ele entra totalmente nessa parceria com as fadas, caminhando pelo mundo como parte de sua harmonia intrincada e viva, onde os sussurros da natureza guiam, protegem e inspiram cada passo à frente.

Capítulo 16
Alinhamento com os Ciclos Naturais

À medida que a conexão do praticante com as fadas se aprofunda, ele começa a se sintonizar com os poderosos ciclos que moldam a natureza e o espírito - os ritmos variáveis das estações, as fases da lua e o fluxo e refluxo de energia que guiam as transformações da Terra. As fadas, intimamente ligadas a esses ciclos naturais, atuam como guias, ensinando ao praticante que o alinhamento com esses ritmos é mais do que uma prática espiritual; é uma maneira de harmonizar o mundo interior com o pulso expansivo da natureza.

A jornada começa com uma exploração dos ciclos sazonais. Cada estação possui sua essência e energia únicas que refletem a vida da Terra, e as fadas, ligadas a esses ciclos, oferecem seus insights sobre como honrar cada fase. Na primavera, a Terra desperta e as fadas se alegram com o florescimento da vida e o novo crescimento; este é um momento para plantar intenções, definir metas e abraçar novos começos. O praticante, guiado pelas fadas, se envolve em práticas que espelham essa energia - planejando novos projetos, renovando seu espaço pessoal e meditando sobre a renovação. As fadas, associadas a flores e vegetação brotando, podem se revelar através de sinais vibrantes, como o aparecimento de uma flor específica ou uma sensação repentina de leveza, reforçando o espírito de crescimento.

À medida que o praticante avança para o verão, ele se alinha com a estação do calor, vitalidade e expansão. O verão é uma época em que a natureza está em plena floração e as fadas celebram essa abundância dançando pelas paisagens exuberantes. O praticante honra isso abraçando sua própria plenitude - nutrindo relacionamentos, praticando gratidão e celebrando os frutos de intenções passadas. Este também é um momento para práticas de aterramento, pois a energia intensa do verão pode ser inspiradora e avassaladora. Guiado pelas fadas da terra, o praticante pode meditar sobre o equilíbrio, visualizando sua energia como enraizada e estável, aproveitando a força de aterramento da própria Terra para permanecer centrado em meio à abundância. As fadas geralmente respondem a esse alinhamento com o verão intensificando os sentimentos de alegria e abertura, ajudando o praticante a se sentir expansivo e aterrado.

No outono, a energia começa a mudar para a liberação e introspecção. As fadas, guardiãs deste tempo de transição, celebram a colheita e a arte de deixar ir, lembrando ao praticante que esta estação oferece espaço para gratidão e liberação. Para honrar o outono, o praticante reflete sobre o que o serviu bem e o que ele está pronto para liberar, abraçando o ciclo de transformação. Ele pode passar um tempo na natureza, sentindo o frescor do ar, a mudança nas cores e a presença das fadas enquanto guiam as folhas em sua descida. Por meio de rituais de gratidão e limpeza, como criar um diário de gratidão ou limpar a desordem de seu espaço, o praticante se alinha com a energia de conclusão das fadas e se prepara para a reflexão silenciosa do inverno.

O inverno, um período de descanso e renovação, traz a energia para dentro, uma estação que as fadas honram por meio da quietude e da imobilidade. As fadas ensinam que o inverno não é uma estação de ausência, mas um momento de profunda e silenciosa renovação, onde a Terra descansa em preparação para uma nova vida. Durante o inverno, o praticante abraça a solidão, a reflexão e a introspecção, criando espaço para ouvir profundamente o seu próprio coração. As fadas que habitam cavernas, raízes e as neves silenciosas se aproximam durante esta estação, apoiando o trabalho interior do praticante. Práticas meditativas, escrever em diário e honrar momentos de silêncio se tornam portais para a autodescoberta, à medida que o praticante usa esse tempo para realinhar as intenções, liberando o que não serve mais e nutrindo as faíscas silenciosas de novas ideias.

Além das estações, o praticante aprende a se sintonizar com o ciclo lunar, um ritmo que as fadas reconhecem como um reflexo de energias sutis. As fases da lua - nova, crescente, cheia e minguante - possuem qualidades distintas que as fadas usam para guiar os ciclos da natureza e a jornada do praticante. Durante a lua nova, as fadas celebram os começos, inspirando o praticante a plantar novas sementes de intenção. Este é um momento para o estabelecimento de metas silenciosas, um ritual que as fadas podem encorajar por meio de sinais de presença gentil - um brilho suave ou uma quietude inesperada, afirmando o poder da intenção na primeira luz da lua.

À medida que a lua cresce, ficando mais brilhante a cada noite, as fadas guiam o praticante em direção à expansão, coragem e ação. O praticante dá pequenos passos, alinhando suas ações com a luz crescente da lua, sentindo o encorajamento das fadas em explosões sutis de inspiração ou motivação. Quando a lua cheia chega, o praticante se conecta ao pico da energia da lua - um momento de celebração, iluminação e reflexão. As fadas geralmente aumentam essa energia, encorajando o praticante a celebrar conquistas, expressar gratidão ou se envolver em um ritual de autoaceitação. Finalmente, durante a lua minguante, as fadas guiam o praticante em direção à liberação, permitindo que as energias se acalmem e retornem à quietude. Este é um momento para limpeza, descanso e desapego, um momento em que o praticante se alinha com os próprios ritmos de retiro e renovação das fadas.

Para aprofundar essa conexão, o praticante pode criar um altar sazonal que reflita tanto a época do ano quanto a fase lunar. Usando elementos naturais - pedras, folhas, água ou velas - o praticante monta um altar que celebra a essência da estação atual e a influência da lua. Cada item no altar serve como um símbolo, uma conexão tangível com os ciclos da Terra e a presença das fadas dentro deles. Cores, aromas e texturas sazonais criam uma experiência sensorial que espelha a reverência das fadas pelos ciclos da natureza, lembrando ao praticante seu próprio lugar nesse ritmo.

Uma prática final, a meditação ao luar, baseia-se no ciclo lunar como uma ferramenta poderosa para reflexão e alinhamento. Em uma noite em que a lua está visível, o praticante senta-se em silêncio sob sua luz, abrindo-se à orientação das fadas e sentindo a presença da energia da lua enquanto o banha. A cada respiração, ele se alinha com a fase da lua - focando em começos, crescimento, celebração ou liberação, conforme apropriado. As fadas, naturalmente sintonizadas com as fases da lua, geralmente aumentam essa experiência criando uma sensação intensificada de paz, um lembrete de que o alinhamento com o ritmo da lua é uma forma de honrar o fluxo constante da vida. Esta meditação ao luar se torna um momento sagrado, um momento em que o praticante se sente conectado não apenas à natureza, mas às fadas que caminham com ele em cada ciclo.

Por meio dessas práticas, o praticante aprende que o alinhamento com os ciclos naturais é um ato de harmonia, uma maneira de viver em ritmo com a natureza e o espírito. Cada estação, cada fase da lua, se torna uma oportunidade para aprender, crescer e deixar ir, guiado pelas fadas que incorporam a sabedoria desses ciclos. Ao abraçar esse ritmo, o praticante descobre uma paz profunda, uma compreensão de que, assim como a natureza flui por ciclos de renovação, o espírito também.

As fadas, guardiãs desse equilíbrio sagrado, caminham lado a lado, sua presença um lembrete de que a vida não é estática, mas uma jornada de transformação, uma dança através da luz e da sombra, crescimento e descanso. À medida que o praticante entra nesse fluxo, ele descobre que cada ciclo é um presente, um momento para honrar o mundo natural e sua própria paisagem interior, para sempre entrelaçados na harmonia do ritmo gentil e incessante da Terra.

Um aspecto significativo desse alinhamento aprofundado envolve rituais sazonais personalizados - práticas que permitem ao praticante conectar suas intenções com a energia da estação atual. Começando na primavera, o praticante realiza um ritual de novos começos, plantando simbolicamente sementes que representam esperanças, sonhos ou projetos que deseja desenvolver. Guiado pelas fadas, ele pode espalhar sementes de flores silvestres ou plantar ervas, cada uma representando uma intenção viva. À medida que essas sementes crescem, a presença das fadas é sentida na vida emergente, reforçando o compromisso do praticante de nutrir seus sonhos junto com os ritmos da natureza.

No verão, quando a energia atinge seu pico, o praticante é encorajado a criar um ritual de gratidão e abundância, onde expressa apreço pelo crescimento pessoal e pelas bênçãos da Terra. Coletando flores ou frutos da natureza, ele cria uma pequena oferenda, que é colocada ao ar livre como um sinal de gratidão às fadas. Esse gesto, simples, mas significativo, se alinha com o próprio senso de abundância das fadas, sua alegria refletida na plenitude da generosidade do verão. As fadas geralmente respondem com afirmações sutis - uma brisa suave, o aparecimento repentino de borboletas ou uma sensação de calor - como se abençoassem a oferenda e honrassem o reconhecimento do praticante pelos dons da vida.

    O outono convida o praticante a participar de rituais de liberação, um momento para refletir sobre o que foi realizado e deixar ir o que não serve mais. Inspirado pelas folhas que caem, o praticante anota tudo o que deseja liberar - velhos medos, hábitos ou pensamentos - em pequenos pedaços de papel, que são então queimados ou enterrados respeitosamente. As fadas, cuja sabedoria está ligada aos ciclos de morte e renascimento da natureza, assistem como testemunhas silenciosas, oferecendo uma sensação de paz e encerramento. O ritual transforma essa liberação em um ato de limpeza, abrindo espaço para um novo crescimento. Por meio da orientação das fadas, o praticante aprende a ver a liberação como uma parte natural da jornada da vida, uma forma de honrar o passado enquanto abraça o futuro.

    Com a chegada do inverno, o praticante cria um ritual de descanso e renovação, alinhando-se com as fadas que se retiram para lugares calmos e protegidos durante esse período. Ele pode acender uma vela, sentar-se em silêncio em reflexão e se concentrar na renovação interior, definindo intenções para o trabalho interior que deseja realizar. O silêncio do inverno se torna um espelho para sua própria quietude interior, onde novas inspirações e insights tomam forma silenciosamente, nutridos pela presença invisível das fadas. As fadas, que entendem a força encontrada no descanso, inspiram o praticante a honrar essa fase sem pressa ou expectativa, sabendo que a quietude do inverno é necessária para a vitalidade vindoura da primavera.

Além dos ciclos sazonais, o praticante agora aprende a sincronizar seus rituais com as fases da lua, cada fase oferecendo uma energia única que aprimora intenções específicas. Durante a lua nova, as fadas encorajam o praticante a se concentrar em definir intenções, plantando as sementes de ideias e aspirações. Um ritual simples da lua nova pode envolver sentar-se sob o céu noturno, segurando um cristal, flor ou símbolo do objetivo do praticante e expressar as intenções em silêncio para as fadas. Este momento de plantio é honrado como sagrado, a escuridão da lua nova espelhando o mistério e o potencial de novos começos.

À medida que a lua cresce, ou cresce em luz, o praticante se envolve em rituais de manifestação e crescimento. Guiado pelas fadas, ele toma medidas para aproximar suas intenções da realidade, talvez por meio de visualizações ou pequenas ações tangíveis. Cada dia da lua crescente se torna um período de nutrição desses sonhos, com o encorajamento das fadas sentido como explosões de motivação ou sinais sutis de progresso. O praticante aprende a ver esta fase como uma colaboração contínua, onde seus próprios esforços e a orientação das fadas trabalham em harmonia para cultivar o crescimento.

Na lua cheia, o praticante celebra o culminar de seus esforços. As fadas, atraídas pela energia da lua cheia, muitas vezes amplificam as qualidades poderosas desta fase, encorajando rituais de gratidão, clareza e iluminação. O praticante pode realizar uma celebração pessoal, acendendo velas ou colocando flores ao redor de um espaço sagrado, refletindo sobre o que foi alcançado e agradecendo a si mesmo e às fadas por seu apoio. Este ritual de plenitude se torna um lembrete de que seus esforços, combinados com a influência invisível das fadas, trouxeram transformação e realização.

Com o declínio gradual da lua, o praticante muda o foco para a liberação e reflexão. Assim como a luz da lua diminui, o mesmo ocorre com a necessidade de atividade externa; em vez disso, o praticante se volta para dentro, liberando o que foi concluído e refletindo sobre as lições aprendidas. Guiado pelas fadas, ele realiza rituais simples de limpeza - talvez usando água ou defumação com ervas - para limpar qualquer energia estagnada. As fadas, que se movem graciosamente com os ciclos de mudança, inspiram o praticante a deixar ir com facilidade, confiando que a liberação é uma parte natural e necessária da jornada. Esta prática fecha o ciclo lunar, preparando o praticante para começar de novo com a próxima lua nova.

Para integrar esses ciclos ainda mais, o praticante é apresentado à prática do diário sazonal - um método de registrar reflexões, intenções e insights pessoais em cada fase do ano e da lua. O diário se torna um lugar para capturar não apenas pensamentos pessoais, mas também as mensagens, símbolos ou sinais das fadas notados ao longo do caminho. Com o tempo, os padrões emergem e o praticante começa a ver como cada estação, cada fase lunar, moldou seu crescimento e aprofundou sua conexão com as fadas. Este diário se torna um guia precioso, um registro de ciclos e ritmos que refletem sua jornada em evolução.

Na prática final, o alinhamento ritual com os solstícios e equinócios, o praticante aprende a honrar os principais pontos de virada do ano como limiares espirituais profundos. Durante os solstícios de inverno e verão e os equinócios de primavera e outono, o praticante realiza rituais que marcam essas transições, alinhando-se com as fadas que celebram os grandes ritmos da Terra. Em cada solstício, ele pode criar um altar com símbolos de luz e escuridão, refletindo os dias mais longos e mais curtos do ano, ou coletar flores, pedras e folhas durante os equinócios para honrar o equilíbrio. As fadas, guardiãs desses limiares cósmicos, guiam o praticante por essas celebrações sagradas, aprofundando sua compreensão da dança perpétua da vida entre crescimento e descanso, luz e sombra.

Por meio dessas práticas avançadas, o praticante descobre que se alinhar com os ciclos naturais é uma forma de viver em harmonia com tudo o que é. Cada estação, cada fase lunar, se torna um lembrete da fluidez da vida, onde crescimento e quietude, começo e fim, se entrelaçam em um ritmo perfeito. As fadas, cuja presença agracia cada momento desta jornada, lembram ao praticante que a própria vida é uma série de ciclos, cada um levando a uma compreensão mais profunda, paz e conexão com o mundo.

À medida que o praticante caminha em sintonia com esses ritmos, ele incorpora uma sabedoria atemporal, uma força silenciosa que vem de reconhecer e honrar os ciclos da natureza e do espírito. As fadas, que sussurram suavemente em cada fase, permanecem por perto, guias gentis neste caminho de alinhamento e harmonia. Desta forma, a jornada do praticante se torna um reflexo dos próprios ritmos da Terra - uma vida em equilíbrio, rica em significado, nutrida pela mão invisível e sempre presente das fadas.

Capítulo 17
Práticas para a Comunidade

À medida que a jornada do praticante com as fadas se aprofunda, ele começa a perceber que a magia desses seres se estende além da prática pessoal, oferecendo maneiras de enriquecer e harmonizar comunidades inteiras. As fadas, cuja presença permeia florestas, rios e jardins, não estão presas à solidão; elas são guardiãs de espaços coletivos, nutrindo o equilíbrio e a vitalidade no mundo natural e nos encontros humanos.

A base das práticas comunitárias com as fadas começa com encontros intencionais — espaços onde os indivíduos se reúnem com corações abertos, unidos por um propósito que ressoa com os ideais do reino das fadas: respeito, gentileza e alegria. Na preparação para tais encontros, o praticante cria um ambiente acolhedor, infundido com símbolos e elementos da natureza. Flores frescas, ervas, cristais e representações dos quatro elementos são colocados intencionalmente para homenagear as fadas e convidá-las a fazer parte da reunião. Esses elementos atuam como convites silenciosos, sinalizando para as fadas que esta é uma reunião alinhada com a harmonia da Terra.

O primeiro ritual comunitário apresentado é o Círculo da Paz, um encontro onde os participantes dão as mãos em um círculo simbólico, cada pessoa aterrando sua energia e se concentrando em criar um espaço pacífico e harmonioso. O praticante, atuando como guia, incentiva os participantes a fecharem os olhos, respirarem profundamente e visualizarem a energia da paz se expandindo para fora, preenchendo o círculo e se estendendo para o ambiente ao redor. Neste espaço silencioso, a presença das fadas pode ser sentida através de uma brisa suave, uma quietude repentina ou até mesmo o aparecimento sutil de símbolos naturais, como folhas caindo suavemente ou pássaros se aproximando. Este círculo fortalece os laços dentro do grupo e cria uma atmosfera de calma e união, um reflexo da própria natureza equilibrada das fadas.

Outra prática transformadora é o Altar Comunitário de Intenções, onde cada participante é convidado a trazer um pequeno objeto natural que simbolize uma intenção pessoal ou coletiva — como cura, prosperidade ou proteção. O praticante organiza esses objetos em um altar compartilhado, criando um ponto focal para as intenções coletivas do grupo. À medida que o altar cresce com as oferendas, a energia das fadas se amplifica, enriquecendo as intenções com as bênçãos da natureza. No final da reunião, cada pessoa é convidada a passar um momento no altar, agradecendo silenciosamente às fadas por seu apoio e sentindo a energia vibrante do altar. Este altar compartilhado se torna um espaço sagrado que guarda as esperanças e sonhos coletivos do grupo, um lembrete de que as energias individuais podem se combinar para criar uma mudança poderosa e unificada.

O praticante também apresenta o Ritual de Cura Compartilhada, uma cerimônia onde cada participante é encorajado a visualizar a energia de cura fluindo através do grupo, guiado pela presença nutritiva das fadas. Durante este ritual, os participantes formam um círculo fechado, cada pessoa colocando a mão no ombro do vizinho ou dando as mãos, criando uma corrente de energia. O praticante então guia o grupo através de uma visualização, onde cada pessoa imagina uma luz suave e radiante fluindo de uma pessoa para a próxima, tecendo através do grupo como fios de uma tapeçaria compartilhada. As fadas, atraídas por este círculo de união, muitas vezes aumentam a energia de cura, proporcionando uma profunda sensação de paz e renovação. Este ritual lembra a cada participante da interconexão de todos os seres, um laço que as fadas apreciam e protegem.

Outra prática profunda é a Cerimônia de Celebração Sazonal, onde o grupo se reúne para homenagear a mudança das estações em um ambiente comunitário. Cada participante traz símbolos da estação atual — flores na primavera, folhas caídas no outono, água coletada de um rio no verão ou pedras e galhos durante o inverno. Juntas, essas oferendas são colocadas no centro do espaço de reunião, criando um altar sazonal que celebra os ciclos da Terra. O praticante guia o grupo através de uma meditação que conecta cada pessoa com a energia da estação, promovendo um alinhamento coletivo com os ritmos da natureza. As fadas, que vivem em harmonia com esses ciclos, muitas vezes manifestam sua presença, abrilhantando a celebração com uma atmosfera de energia gentil e aterradora. Essas reuniões sazonais fortalecem o vínculo da comunidade com o mundo natural e entre si, nutrindo um senso compartilhado de pertencimento à Terra.

Para aprofundar a conexão, o praticante apresenta as Caminhadas Coletivas na Natureza, onde o grupo explora um espaço natural com a intenção de observar, ouvir e aprender com o ambiente. Essas caminhadas incentivam os participantes a se moverem com atenção, percebendo sinais da presença das fadas — reflexos brilhantes nas folhas, um silenciamento repentino do som ou pequenos símbolos como penas ou pedras que parecem aparecer em seu caminho. Cada participante é encorajado a carregar um pequeno diário ou caderno de desenho para capturar suas impressões e quaisquer mensagens que sintam que as fadas estão oferecendo ao grupo. A experiência compartilhada de caminhar pela natureza com consciência cria um espaço de harmonia e reflexão, permitindo que o grupo sinta a unidade que existe entre os humanos e o reino das fadas.

Na prática final, a Cerimônia de Gratidão pela Terra, o grupo se reúne para homenagear a Terra e expressar gratidão por seus dons infinitos. Este ritual ocorre em um ambiente natural, onde cada participante oferece algo à terra — um punhado de sementes, uma pequena pedra ou até mesmo algumas gotas de água. O praticante conduz o grupo em uma oração de gratidão, um reconhecimento silencioso da beleza e resiliência da Terra. As fadas, que servem como guardiãs da terra, muitas vezes respondem a essa gratidão, preenchendo o ar com uma sensação de paz e apreciação. Esta cerimônia fortalece o vínculo entre a comunidade e o mundo natural, um lembrete de que a verdadeira conexão começa com respeito e agradecimento.

Através dessas práticas, o praticante e o grupo passam a compreender que a influência das fadas se estende além do indivíduo, alcançando a energia coletiva que une as comunidades. Essas reuniões se tornam espaços de cura, reflexão e alegria, ecoando a própria reverência das fadas pela interconexão de toda a vida. Ao homenagear o mundo natural e uns aos outros, os participantes criam uma teia de energia positiva que nutre a Terra, as fadas e a própria comunidade.

Ao dar vida a essas práticas comunitárias, o praticante incorpora uma ponte entre o mundo humano e o reino das fadas, criando espaços onde a gentil sabedoria das fadas pode guiar e inspirar. Em cada encontro, cada ritual, a comunidade sente o toque das fadas, cuja presença amplifica o amor, a cura e a união. Através desta jornada compartilhada, o praticante e sua comunidade descobrem que a magia das fadas não é apenas uma experiência privada, mas um presente que flui para fora, enriquecendo todos que estão abertos à beleza da conexão compartilhada da vida.

À medida que as práticas comunitárias com as fadas evoluem, o praticante aprende a promover harmonia, confiança e coesão mais profundas entre os participantes. Essa compreensão avançada dos rituais comunitários enfatiza o poder da intenção coletiva e da unidade, pois as fadas desempenham um papel único no fortalecimento dos laços que conectam as pessoas. Através dessas práticas expandidas, o praticante guia sua comunidade para um alinhamento ainda mais próximo com as energias da Terra e das fadas, permitindo que cada pessoa experimente a magia sutil que flui quando um grupo está unido em propósito e reverência.

Uma prática fundamental para aprofundar as conexões comunitárias é a Reunião de Intenções Compartilhadas. Nesta cerimônia, os participantes são convidados a trazer uma intenção que ressoe com o propósito coletivo do grupo, como paz, cura ou proteção. Para amplificar o senso de unidade, o praticante prepara um altar central cheio de representações de cada intenção: penas para liberdade, velas para esperança e pedras para estabilidade. Cada participante recebe uma pequena lembrança, como uma pedra ou uma pétala de flor, na qual pode focar silenciosamente sua intenção. À medida que cada pessoa adiciona sua lembrança ao altar, uma sensação palpável de energia coletiva preenche o espaço. As fadas, atraídas pela intenção focada do grupo, muitas vezes aumentam essa energia, criando uma sensação sutil de calor ou clareza que permeia a reunião.

Em alinhamento com esta prática, o grupo pode participar de uma Cerimônia de Harmonia e Aterramento. Este ritual serve para sincronizar as energias de cada indivíduo, criando um espaço equilibrado e centralizado com o qual as fadas podem se alinhar mais facilmente. Reunindo-se em um ambiente natural, os participantes formam um círculo e, liderados pelo praticante, cada um coloca a mão na terra, aproveitando a energia de aterramento da natureza. As fadas, que naturalmente trabalham com as propriedades de aterramento da Terra, juntam-se a este aterramento coletivo, muitas vezes aumentando as sensações de estabilidade e calma dos participantes. Esta prática ajuda cada pessoa a se sentir conectada à terra, uns aos outros e ao reino das fadas, uma presença unificada enraizada na harmonia e no equilíbrio.

Uma prática avançada que se baseia no senso de unidade do grupo é o Círculo de Invocação Elemental. Nesta cerimônia, os participantes trabalham com os quatro elementos primários — terra, água, fogo e ar — cada um dos quais é guiado por fadas específicas. Dividindo-se em pequenos grupos, cada grupo representa um elemento e traz símbolos associados a esse elemento para o círculo (como uma pedra para terra, uma concha para água, uma vela para fogo e uma pena para ar). Com um senso de reverência compartilhada, cada grupo se reveza invocando seu elemento e suas fadas guardiãs, expressando gratidão e pedindo a bênção do elemento. À medida que cada elemento é invocado, as energias se entrelaçam, criando uma atmosfera poderosa e equilibrada. A presença das fadas se torna quase tangível, realçando o ritual com uma sensação de unidade, pois cada participante sente tanto sua individualidade quanto sua conexão com o todo.

Para aprofundar a harmonia coletiva, o praticante pode conduzir uma Cerimônia de Respiração Compartilhada, uma prática que unifica o grupo por meio da respiração sincronizada. Em pé ou sentados em círculo, os participantes fecham os olhos e são guiados a respirar juntos, cada um inalando e exalando como um só. Esse ritmo compartilhado de respiração se torna uma meditação em movimento, um lembrete de que toda a vida está interconectada. À medida que o grupo respira junto, as fadas são naturalmente atraídas pela sincronicidade, aumentando o foco e a calma do grupo. A respiração coletiva gradualmente se torna mais lenta e profunda, criando um espaço sagrado onde cada indivíduo sente sua conexão com a força vital que flui pela natureza, humanidade e o reino das fadas. Esta prática constrói confiança e um profundo senso de paz, ancorando o grupo na presença compartilhada.

Outra prática comunitária avançada é o Círculo de Afirmações de Cura, onde os participantes criam uma afirmação coletiva para trazer paz, cura ou transformação ao grupo ou a uma comunidade maior. O praticante convida cada pessoa a compartilhar uma palavra ou frase que reflita um aspecto da cura, como "amor", "paz" ou "renovação". Essas palavras são então tecidas em uma única afirmação, que o grupo repete junto. As fadas, que estão sintonizadas com as energias de cura dentro das palavras e sons, respondem à vibração dessas afirmações, ampliando seu impacto. Esta afirmação compartilhada se transforma em uma onda de energia de cura que irradia para fora, tocando cada participante e alcançando a comunidade em geral. O grupo muitas vezes sente a energia das fadas como uma sensação suave que flui entre eles, um lembrete do poder transformador que emerge de vozes unificadas.

Uma prática final e poderosa é a Criação da Mandala da Natureza, onde o grupo reúne objetos naturais — folhas, pedras, flores e galhos — para criar uma mandala na terra. Esta mandala simboliza a unidade, diversidade e equilíbrio dentro do grupo, com cada objeto representando um aspecto único da energia coletiva. À medida que os participantes colocam cada item com atenção na mandala, eles podem oferecer uma bênção ou intenção silenciosa. Uma vez que a mandala está completa, o praticante conduz uma meditação silenciosa, permitindo que o grupo contemple a beleza e a harmonia que co-criaram. As fadas, cuja energia é naturalmente atraída por padrões e geometria sagrada, muitas vezes aumentam a experiência, deixando sinais sutis de sua presença, como brilhos nas folhas ou uma sensação intensificada de tranquilidade. Esta mandala compartilhada serve como um testemunho da unidade do grupo, um lembrete físico de que suas energias combinadas criam algo belo e duradouro.

Essas práticas avançadas não apenas aumentam os laços comunitários, mas também promovem uma energia coletiva que reflete a harmonia e o equilíbrio que as fadas apreciam. Cada ritual, cerimônia e encontro se torna um testemunho vivo do poder do propósito compartilhado, lembrando aos participantes que eles fazem parte de algo maior, algo que transcende o indivíduo. Ao homenagear seus espíritos únicos e sua interconexão, o grupo experimenta o impacto gentil, porém profundo, das fadas, cuja presença nutre, apoia e eleva cada alma.

Através dessas práticas, o praticante e sua comunidade constroem um espaço de unidade e amor duradouros, um reflexo da sabedoria atemporal das fadas. Essas reuniões se tornam mais do que rituais; elas se tornam momentos onde corações se encontram, onde mãos se juntam e onde os sussurros do reino das fadas ecoam na respiração compartilhada da comunidade. Neste espaço, cada pessoa sente a beleza do pertencimento, a força da unidade e a presença silenciosa, porém poderosa, das fadas, guardiãs da harmonia sagrada da Terra.

Capítulo 18
Ritual da Sabedoria Interior

À medida que a jornada do praticante se aprofunda, ele é atraído para o poço silencioso da sabedoria interior, uma fonte de discernimento e clareza que reside em cada alma. As fadas, guardiãs de verdades sutis, guiam o praticante a explorar essa paisagem interior, onde residem a intuição e a compreensão espiritual.

O caminho para a sabedoria interior começa com a Reflexão Guiada, uma prática que cria um espaço sagrado para a autodescoberta. Em preparação, o praticante reúne símbolos de aterramento e clareza, como cristais ou plantas específicas que ressoam com sua jornada. Sentado em um espaço tranquilo, ele se centra, convidando a presença das fadas para criar uma atmosfera de calma. Através da visualização suave, o praticante se imagina caminhando por um caminho que leva ao fundo de sua própria consciência, guiado pelo brilho sutil da energia das fadas. Ao viajar para dentro, ele faz perguntas abertas, permitindo que sua intuição responda com imagens, palavras ou sentimentos. As fadas, sempre atentas ao fluxo de energia, podem fornecer afirmações através de sinais sutis, como uma repentina sensação de calor ou uma suave sensação de paz. Esta prática revela que a sabedoria interior não é distante; é uma voz interior, esperando para ser ouvida.

Outra ferramenta essencial para desbloquear a sabedoria interior é o Espelho da Reflexão, um ritual em que o praticante olha para uma tigela de água ou uma superfície reflexiva, conectando-se com sua própria essência. As fadas, que possuem uma profunda conexão com a água como um condutor de memória e intuição, aprimoram este ritual amplificando as propriedades reflexivas da água. O praticante olha para o reflexo, respirando profundamente e permitindo que sua mente se acalme na quietude. Enquanto observa as ondulações e reflexos, insights começam a emergir, seu próprio subconsciente falando em símbolos e imagens. As fadas, que guiam essas visões, muitas vezes fornecem impressões que aprofundam a compreensão do praticante, mostrando que a verdadeira sabedoria flui como a água - silenciosa, clara e gentil. Este ritual se torna uma meditação de autoconexão, onde as verdades interiores são reveladas sem força, surgindo naturalmente de dentro.

Para se envolver ainda mais com a sabedoria interior, o praticante aprende o Ritual das Perguntas Sussurradas, uma prática inspirada pelo próprio amor das fadas pelo silêncio e sutileza. Neste ritual, o praticante entra em um espaço externo tranquilo, cercado por árvores, flores ou pedras. De pé com os olhos fechados, ele faz uma pergunta ao seu eu interior, formulando-a como um sussurro suave e permitindo que as palavras se dissolvam no ar. As fadas, atraídas pela reverência silenciosa do ritual, respondem através da natureza - um farfalhar de folhas, o canto de um pássaro ou uma brisa repentina. Cada sinal é uma resposta, parte da conversa entre o praticante e sua sabedoria interior. Esta prática ensina que a sabedoria muitas vezes vem através da observação silenciosa e que o mundo ao redor reflete as respostas já contidas dentro.

O praticante então explora o Caminho da Meditação Silenciosa, uma prática que cultiva a quietude como base para receber insights. Sentado ao ar livre ou em um espaço repleto de elementos naturais, o praticante fecha os olhos e se permite focar apenas em sua respiração, aterrando-se no momento presente. Enquanto respira, ele imagina sua respiração como um fio que o conecta à presença das fadas, uma ponte entre seu eu interior e o espírito da natureza. As fadas, que habitam esses espaços silenciosos, muitas vezes trazem uma mudança sutil na percepção, aumentando a sensibilidade do praticante aos pensamentos e emoções interiores. Através dessa meditação silenciosa e focada, os insights surgem não como revelações repentinas, mas como compreensões gentis, emergindo das profundezas da própria consciência do praticante. Esta prática se torna uma forma de acessar a sabedoria não pela busca, mas simplesmente por ser, permitindo que a sabedoria se revele naturalmente.

No Diário das Mensagens dos Sonhos, o praticante se conecta com seu subconsciente registrando os sonhos todas as manhãs, vendo-os como mensagens de seu mundo interior. As fadas, conhecidas por trabalharem no reino dos sonhos, costumam se comunicar por meio de símbolos e impressões durante o sono, guiando o praticante em direção a um autoconhecimento mais profundo. Ao acordar, o praticante registra quaisquer imagens, sentimentos ou narrativas que persistem, tratando cada um como uma mensagem simbólica. Padrões geralmente emergem ao longo do tempo, revelando insights e guiando a jornada do praticante. Através dessa prática, as fadas ajudam a revelar que a sabedoria não se limita às horas de vigília, mas está entrelaçada na estrutura do subconsciente. Ao honrar os sonhos como um caminho para a verdade interior, o praticante aprende que a sabedoria está sempre presente, guiando gentilmente cada passo.

Finalmente, o praticante se envolve no Ritual do Conselho Interior, uma prática de visualização onde se conecta com aspectos de sua própria sabedoria interior, simbolizados como guias antigos ou figuras sábias. Em um espaço calmo, ele visualiza a entrada em uma floresta ou jardim, onde encontra esses guias - talvez um ancião sábio, um protetor calmo ou uma criança alegre. Essas figuras, extensões de sua própria sabedoria interior, oferecem orientação, segurança e respostas às perguntas feitas pelo praticante. As fadas, que se deliciam com a transformação do espírito, aprimoram essa experiência, criando uma sensação de conexão que parece familiar e profunda. Cada guia fala com uma parte diferente do eu interior do praticante, lembrando-o de que a sabedoria é multifacetada e que as respostas geralmente vêm de abraçar cada parte de sua jornada.

Através desses rituais e práticas, o praticante constrói um relacionamento com sua sabedoria interior, aprendendo a ouvir com o coração tanto quanto com a mente. As fadas, aliadas silenciosas nesta jornada, revelam que a verdade interior é tão natural quanto os ciclos da natureza, sempre presente e esperando para ser descoberta. À medida que o praticante cresce em confiança e clareza, ele descobre que o verdadeiro propósito da sabedoria não é simplesmente saber, mas guiar, inspirar e trazer equilíbrio ao espírito. A orientação silenciosa das fadas ensina que a sabedoria é gentil, sutil e profundamente pessoal - um reflexo da beleza da natureza e da jornada única do praticante.

A jornada para a sabedoria interior começa com a Prática da Interpretação de Símbolos, onde o praticante aprende a ler a linguagem sutil dos símbolos que emergem em meditações, sonhos e na natureza. As fadas, mestres do simbólico e do invisível, emprestam sua presença enquanto o praticante examina imagens recorrentes - como penas, água ou luz - que aparecem em sua prática. Ao registrar esses símbolos em um diário dedicado, o praticante começa a decifrar padrões e significados que falam com seu caminho único. Guiado pela intuição e pela influência sutil das fadas, cada símbolo se torna uma peça de uma tapeçaria maior, refletindo o crescimento, as perguntas e os insights do praticante. Com o tempo, o praticante percebe que esses símbolos oferecem sabedoria atemporal, como orientação sussurrada das fadas, alinhada com a verdade de sua jornada.

Para aprofundar essa conexão, o praticante se envolve no Ritual da Pedra Falante. Esta prática ancestral envolve a seleção de uma pequena pedra lisa da natureza - um símbolo que representa estabilidade, memória e a resistência silenciosa da sabedoria. Segurando a pedra na mão, o praticante entra em um estado de reflexão meditativa, fazendo uma pergunta específica ou buscando orientação sobre um assunto pessoal. Na quietude, ele ouve os insights que podem surgir, confiando que as fadas tecerão sua energia na resposta. A pedra, imbuída da intenção do praticante, torna-se uma pedra de toque que ele pode carregar, uma lembrança aterradora da orientação das fadas. Cada vez que o praticante segura a pedra, ele se reconecta com a sabedoria oferecida durante o ritual, aterrando-se na garantia silenciosa do conhecimento interior.

O praticante então explora a Meditação do Espelho, uma prática que combina visualização e autorreflexão para revelar camadas ocultas de sabedoria interior. Sentado diante de um espelho, ele acende uma vela, simbolizando clareza e iluminação. Olhando para seu próprio reflexo, ele imagina as fadas se reunindo ao redor, sua presença suavizando quaisquer barreiras entre o pensamento consciente e o subconsciente. Este ritual permite que o praticante observe sua própria essência, livre de julgamento ou expectativa. Com a energia gentil das fadas, ele começa a perceber não apenas o eu superficial, mas as profundezas de seu espírito, revelando verdades que muitas vezes permanecem ocultas na vida cotidiana. Esta prática se torna um exercício gentil de autoaceitação, onde a sabedoria surge de um profundo senso de compaixão por si mesmo.

Para fortalecer sua resposta intuitiva, o praticante pratica o Caminho do Conhecimento Silencioso, uma meditação que promove a confiança em suas primeiras impressões e sensações sutis. Guiado pela sensibilidade das fadas à energia, ele aprende a prestar atenção aos sentimentos ou pensamentos imediatos que surgem quando confrontado com uma pergunta ou decisão. Em vez de buscar confirmação externamente, o praticante aprende a confiar nessa resposta inicial e instintiva como uma expressão da sabedoria interior. Com o tempo, essa prática o ensina a confiar na influência das fadas, sentindo que sua voz interior se alinha com a orientação delas, como duas correntes fluindo em harmonia. Este caminho se torna uma jornada de aprofundamento da confiança, onde o praticante descobre que sua sabedoria interior, quando honrada, o conduz firmemente adiante.

No Ritual da Escrita Sagrada, o praticante canaliza sua intuição através do ato de escrever em um diário, permitindo que pensamentos, reflexões e mensagens fluam livremente na página. Com as fadas como testemunhas silenciosas, ele cria um espaço para a escrita espontânea, onde cada palavra se torna um fio que conecta o pensamento consciente com o insight subconsciente. O praticante pode começar fazendo uma pergunta ou simplesmente se abrindo para qualquer mensagem que deseje emergir. Escrevendo sem pausa ou censura, ele permite que as palavras se desdobrem naturalmente, capturando insights fugazes e verdades gentis. As fadas, sintonizadas com o fluxo sutil de expressão, amplificam a clareza e a profundidade das mensagens que surgem. Este ritual se torna uma prática de autodiálogo, onde a sabedoria interior fala livremente, guiada pelo incentivo silencioso das fadas.

Outra prática transformadora é o Círculo dos Guias Interiores, uma visualização na qual o praticante invoca representações simbólicas de sua própria sabedoria e força. Sentado em um espaço quieto e sagrado, ele se visualiza cercado por figuras sábias - talvez um ancião, um curador compassivo ou um animal espiritual, cada um incorporando um aspecto de sua própria orientação interior. Com a presença das fadas aumentando a visualização, o praticante recebe conselhos, insights ou garantias de cada figura. Esses guias internos atuam como canais da própria sabedoria do praticante, iluminando diferentes perspectivas e abordagens. À medida que as fadas fortalecem este círculo, o praticante ganha uma sensação de totalidade e apoio, sentindo que cada guia é uma faceta de seu próprio espírito, revelando sabedoria interior.

Para completar sua exploração, o praticante cria um Altar da Sabedoria Simbólica, um espaço sagrado repleto de objetos que ressoam com sua verdade interior e servem como lembretes dos insights obtidos. Cada item - uma pena, um cristal, uma flor ou um pedaço de madeira - representa uma lição ou aspecto diferente de sua jornada. Organizados cuidadosamente, esses objetos formam uma tapeçaria de símbolos que incorporam o caminho do praticante. As fadas, atraídas pela intencionalidade deste altar, muitas vezes deixam sinais sutis de sua presença - um brilho de luz, a queda suave de uma pétala ou uma sensação de calor. Este altar se torna uma representação física da sabedoria interior, um espaço para o qual o praticante pode retornar quando busca clareza ou conexão com sua própria verdade.

Através dessa prática, as fadas lembram o praticante de que a sabedoria é uma jornada, que está continuamente se desdobrando e se expandindo.

Essas práticas avançadas aprofundam o relacionamento do praticante com sua própria sabedoria interior, revelando insights que iluminam seu caminho adiante. As fadas, que entendem as sutilezas do espírito e a linguagem dos símbolos, apoiam essa jornada com uma presença gentil e orientadora. À medida que o praticante se move entre a reflexão, a meditação e a visualização, ele descobre que a sabedoria interior não é um destino, mas um modo de ser - um modo de ouvir, confiar e honrar as verdades silenciosas que surgem de dentro. Cada ritual, cada símbolo, se torna um portal para a compreensão, uma ponte entre a mente consciente e as vastas profundezas intuitivas do espírito.

Através dessa jornada, o praticante aprende que a sabedoria interior flui naturalmente quando ele está alinhado com a orientação gentil das fadas. Essa conexão se torna uma companheira para toda a vida, uma presença que sussurra suavemente, ajudando-o a navegar pela vida com clareza, compaixão e discernimento. Ao honrar sua própria sabedoria, o praticante caminha em harmonia com as fadas, abraçando a magia sutil que reside em cada momento, cada respiração, cada suave lembrança do conhecimento inato de sua alma.

Capítulo 19
Cuidando do Altar

À medida que a conexão do praticante com o reino das fadas se aprofunda, a necessidade de um espaço sagrado e dedicado torna-se cada vez mais essencial. O altar, um ponto de foco e reverência, serve como uma ponte entre o mundo humano e o reino das fadas. É aqui que o praticante pode sentir a presença desses seres elementais, convidando sua energia para um espaço imbuído de intenção, gratidão e respeito.

O processo de criação de um altar começa com a Escolha de um Local Sagrado. O praticante seleciona um lugar onde se sinta em paz e próximo à natureza, seja em um ambiente interno perto de uma janela que permita a entrada de luz natural, ou ao ar livre em um canto tranquilo do jardim. As fadas, naturalmente atraídas por lugares de tranquilidade e harmonia, são mais propensas a visitar um altar posicionado com cuidado e intenção. Este espaço escolhido torna-se um santuário, uma área dedicada onde o praticante pode se retirar, refletir e convidar as fadas para sua vida diária.

Uma vez que o local é escolhido, o praticante se concentra em Selecionar Símbolos Elementais que ressoam com as fadas e o mundo natural. Cada elemento - terra, água, fogo e ar - tem seus próprios símbolos únicos, e ao incorporá-los, o praticante reflete a conexão das fadas com os elementos. Uma pequena pedra ou cristal pode representar a terra; uma concha ou tigela de água incorpora a água; uma vela ou chama significa fogo; e penas ou incenso incorporam o ar. Cada item, cuidadosamente selecionado e colocado, convida as fadas associadas a cada elemento a se sentirem bem-vindas. Esse equilíbrio de símbolos serve como um convite para fadas de todos os tipos, criando uma energia harmoniosa que reflete seu mundo.

 O praticante então adiciona Toques Pessoais que carregam significado especial. Esses itens, como uma flor favorita, uma joia preciosa ou uma bênção escrita, servem como lembretes das intenções e da jornada única do praticante. Esses toques pessoais expressam sinceridade e individualidade, duas qualidades que atraem as fadas, que respondem à autenticidade e às ofertas sinceras. O altar torna-se, assim, não apenas um espaço de conexão com as fadas, mas também um reflexo do espírito do praticante, tornando-o um espaço verdadeiramente único e sagrado.

 A Oferenda de Elementos Naturais Frescos é uma prática fundamental no cuidado do altar. As fadas são naturalmente atraídas pela energia viva, e flores frescas, ervas, folhas ou pequenos frutos colocados no altar sinalizam respeito e hospitalidade. Cada oferenda é um presente da terra, um lembrete da gratidão do praticante pela presença das fadas. Substituir essas oferendas regularmente mantém o altar vibrante e vivo, um reflexo da energia sempre renovadora da natureza. As fadas, sensíveis à intenção por trás dessas oferendas, muitas vezes respondem com uma sensação de calor ou tranquilidade, como se reconhecessem o esforço e o cuidado investidos no altar.

Para manter a harmonia energética do altar, o praticante pratica a Limpeza Energética, limpando o espaço regularmente de energia estagnada ou acumulada. As fadas, que são naturalmente atraídas por espaços limpos e equilibrados, ressoam profundamente com um altar limpo e bem conservado. Uma limpeza simples pode ser realizada queimando incenso ou ervas, como sálvia, lavanda ou alecrim, permitindo que a fumaça purifique e renove o altar. Essa fumaça, gentilmente espalhada sobre cada objeto, leva embora qualquer peso, deixando apenas uma energia leve e receptiva que acolhe as fadas. O praticante também pode visualizar uma luz suave envolvendo o altar, renovando sua energia e reafirmando o espaço como um lugar de pureza e intenção.

Na prática da Renovação Sazonal, o praticante honra os ciclos da natureza atualizando o altar para refletir as mudanças das estações. Cada estação traz uma energia única - o crescimento florescente da primavera, o calor do verão, a reflexão silenciosa do outono e a quietude do inverno. O praticante decora o altar com símbolos e cores da estação atual, alinhando-se com os ritmos naturais das fadas. Flores frescas na primavera, folhas verdes ou pedras beijadas pelo sol no verão, folhas caídas no outono e galhos perenes ou pedras no inverno podem refletir este ciclo sazonal. Este ato de renovação sazonal convida as fadas a celebrar os ciclos da terra ao lado do praticante, fortalecendo seu vínculo por meio da observância compartilhada.

A prática fundamental final são os Rituais Diários de Gratidão, onde o praticante passa alguns momentos por dia no altar, oferecendo gratidão silenciosa às fadas por sua presença e orientação. Com o coração quieto, o praticante expressa apreço pelos dons visíveis e invisíveis que as fadas trazem, como sentimentos de paz, clareza ou pequenos sinais na natureza. As fadas, sintonizadas com a energia da gratidão, muitas vezes respondem com sinais sutis - uma mudança na luz, uma sensação de calor ou um momento de quietude. Essa prática diária de gratidão mantém o altar vibrante e vivo, um espaço onde o praticante e as fadas se encontram em reverência e alegria compartilhadas.

Por meio dessas práticas fundamentais, o altar torna-se mais do que apenas uma coleção de objetos; ele se transforma em um espaço vivo e vibrante onde as fadas se sentem bem-vindas e onde o praticante pode se conectar ao seu mundo interior e ao espírito da natureza. Cada elemento, cada oferenda, torna-se uma expressão do compromisso do praticante em honrar o reino das fadas, criando um espaço repleto de energia de respeito, amor e intenção.

À medida que o praticante cuida de seu altar, ele descobre que este espaço sagrado também nutre seu próprio espírito, trazendo paz, clareza e uma sensação de conexão. As fadas, guardiãs dos segredos da natureza, sentem a sinceridade das intenções do praticante e muitas vezes deixam gentis lembretes de sua presença - um brilho de luz, um sussurro de vento ou uma sensação interior de calma. Este altar, criado com cuidado e mantido com amor, serve como uma ponte para o reino das fadas, um lugar de transformação, harmonia e compreensão mútua. O praticante, ao cuidar deste espaço, aprende a essência da devoção, descobrindo que o cuidado que oferece é refletido de volta para si, enchendo seu espírito com uma alegria silenciosa e duradoura.

A jornada de aprofundamento do cuidado com o altar começa com a prática de Consagrar o Altar. O praticante dedica o altar como um portal sagrado para o reino das fadas, um ritual de reconhecimento e intenção que sinaliza para as fadas que este espaço é um verdadeiro refúgio de conexão. Para consagrar o altar, o praticante pode escolher invocar os elementos e chamar as fadas associadas a cada um, convidando suas bênçãos e energia para infundir o espaço. Com uma pequena tigela de sal, uma pena, a chama de uma vela e uma concha ou água, o praticante se move no sentido horário ao redor do altar, tocando suavemente cada item e recitando uma bênção pessoal. Este ato de consagração solidifica o altar como um espaço dedicado, convidando a presença protetora e orientadora das fadas a habitar nele.

Uma vez consagrado, o praticante pode se envolver na Arte da Personalização, adicionando itens que refletem intenções específicas ou aspectos de seu caminho espiritual. As fadas, que apreciam expressões únicas de espírito, são atraídas pela individualidade de um altar personalizado. O praticante pode incluir símbolos pessoais, como uma estatueta esculpida, uma afirmação escrita à mão ou um pequeno objeto com significado pessoal. Com o tempo, cada item se torna um fio na tapeçaria do altar, incorporando uma camada diferente de intenção, memória e gratidão. Este toque pessoal convida a um relacionamento único com as fadas, que fala da jornada e do crescimento do praticante.

Para ampliar a energia do altar, o praticante pode incorporar a Prática de Grades de Cristal, usando cristais para criar uma rede de energia que aumenta a ressonância do altar com o reino das fadas. Cristais como quartzo rosa, ametista e quartzo transparente são cuidadosamente dispostos em padrões geométricos que atraem energia positiva e amplificam a frequência vibracional do espaço. O praticante pode criar uma grade específica para seu foco atual - seja cura, proteção ou insight - colocando a grade no centro do altar e visualizando-a como um farol de intenção que se conecta ao reino das fadas. As fadas, sensíveis à energia pura dos cristais, muitas vezes respondem aprimorando o espaço com uma sensação de calor, clareza ou presença pacífica, um reconhecimento silencioso da intenção do praticante.

Em harmonia com os ciclos naturais, o praticante se envolve em Alterações Lunares e Sazonais. Esta prática envolve adaptar os elementos do altar para refletir as fases da lua e as mudanças nas estações, alinhando-o com os ritmos que guiam tanto a natureza quanto as fadas. Durante a lua nova, por exemplo, o praticante pode limpar e renovar o altar, adicionando símbolos de renovação e definição de intenções.

Durante a lua cheia, ele pode adicionar símbolos de abundância e gratidão, refletindo a culminação das energias. Cada estação também traz sua própria influência: flores frescas e botões na primavera, folhas verdes ou pedras brilhantes no verão, folhas outonais e oferendas da colheita no outono e galhos perenes no inverno. Essas alterações mantêm o altar dinâmico e vivo, criando um ritmo que espelha os ciclos da terra, aprofundando o vínculo das fadas com o praticante à medida que eles alinham suas práticas com o batimento cardíaco da natureza.

Para momentos em que o praticante busca um propósito específico, a Criação de um Espaço de Intenção Focada é um método poderoso para convidar a energia das fadas para um objetivo ou período particular. Isso pode ser para um momento de cura, proteção ou crescimento. O praticante seleciona objetos que ressoam com esse propósito - como velas para clareza, ervas para aterramento ou amuletos para proteção - e os coloca no centro do altar, cercando-os com símbolos dos quatro elementos. O praticante então declara sua intenção em voz alta, oferecendo-a às fadas com o convite para ajudar na manifestação do objetivo. Ao focar sua energia, o altar torna-se um ímã para a assistência das fadas, um espaço onde a intenção e a presença das fadas se unem para trazer orientação e apoio. Este espaço de intenção focada pode ser uma configuração temporária ou uma adição de longo prazo, dependendo da jornada do praticante.

Um ritual avançado para manter a harmonia do altar é o Realinhamento Energético Periódico, onde o praticante avalia e redefine a energia do altar. Isso envolve limpar e recarregar o espaço, criando um fluxo de energia equilibrado e receptivo. Para realinhar o altar, o praticante pode usar o som, como um sino ou tigela cantante, para mudar a energia estagnada, seguido por uma visualização de luz envolvendo o altar, refrescando-o com vitalidade renovada. As fadas, que ressoam com energia harmoniosa, são naturalmente atraídas por um altar realinhado, muitas vezes deixando impressões sutis de sua presença - uma sensação de tranquilidade ou um brilho suave em um objeto. Este ritual de realinhamento fortalece o poder do altar como um espaço de conexão, tornando-o um canal ainda mais claro para a energia das fadas.

A prática final no cuidado avançado do altar é a Interpretação das Respostas Energéticas do altar. O praticante aprende a reconhecer as respostas sutis das fadas aos seus cuidados e oferendas, seja uma sensação de calor, uma quietude repentina ou uma sensação intuitiva da presença das fadas. Essas respostas servem como afirmações, um reconhecimento gentil dos esforços e sinceridade do praticante. Ao observar essas respostas, o praticante aprimora sua sensibilidade, entendendo que a energia das fadas flui em harmonia com a sua. Esta prática de observação aprofunda a intuição do praticante, tornando o altar um lugar onde a comunicação entre os reinos ocorre em sussurros, sensações e momentos de percepção silenciosa.

Por meio dessas práticas avançadas, o altar torna-se um reflexo vivo da jornada e devoção do praticante, um espaço que evolui à medida que ele cresce, adaptando-se aos ritmos de seu espírito e do mundo natural. Cada ritual, cada ajuste, torna-se um ato de alinhamento, um gesto de respeito que convida as fadas para mais perto. Este espaço sagrado, cuidado com amor e atenção plena, serve como uma ponte não apenas para o reino das fadas, mas para o próprio mundo interior do praticante, onde cada elemento e objeto se torna um símbolo de unidade, harmonia e intenção compartilhada.

Nesta jornada de cuidar do altar, o praticante descobre que o espaço se torna um espelho, um lugar onde ele vê seu próprio crescimento, desafios e alegrias refletidos. As fadas, que se deliciam com esse relacionamento em constante evolução, muitas vezes respondem com sinais gentis, uma afirmação silenciosa de que sua presença está próxima. Através do altar, o praticante aprende a arte da devoção e conexão, descobrindo que o amor e o cuidado que oferece retornam a ele multiplicados, aprofundando seu vínculo com as fadas e com o ritmo natural da própria vida.

Capítulo 20
Proteção Espiritual Avançada

Nos reinos sutis onde as fadas habitam, a proteção não é meramente um escudo contra danos, mas uma arte delicada - uma tecelagem de intenções, energias e respeito pelas forças naturais. À medida que os praticantes avançam em sua jornada espiritual, eles reconhecem a necessidade de formas elevadas de proteção, que ressoem com as complexidades de sua conexão com as fadas.

O primeiro passo nesta jornada envolve a Compreensão dos Escudos de Energia, uma prática enraizada na consciência e na intenção. Os escudos de energia funcionam como barreiras invisíveis, projetadas para repelir energias negativas, mantendo a harmonia com o ambiente. Com a assistência das fadas, esses escudos se tornam mais do que apenas defesas estáticas - eles são extensões vivas e respirantes da aura do praticante, respondendo às mudanças na energia e necessidade. Para iniciar esse processo, os praticantes são encorajados a se centrarem em um estado de calma, visualizando uma luz envolvente que os rodeia e protege. Essa luz, imbuída da intenção de paz e segurança, torna-se um amortecedor que as fadas podem amplificar. Ao invocar as fadas para imbuir esse escudo com sua energia sutil, o praticante ganha uma sensação de segurança e leveza intensificadas, uma afirmação de que as forças protetoras das fadas estão em ação.

Os Elementos da Natureza como Aliados Protetores também entram em jogo, com cada elemento oferecendo uma forma única de defesa. A Terra, com suas qualidades de aterramento, pode ser usada para ancorar a energia do praticante, criando uma base estável que resiste a interrupções externas. Pedras e cristais, especialmente turmalina negra, obsidiana ou hematita, são colocados nos cantos do espaço de alguém, agindo como guardiões que absorvem e neutralizam energias indesejadas. A Água, simbolizando fluidez e limpeza, ajuda a dissolver a negatividade, e uma pequena tigela de água, quando abençoada e colocada no altar ou perto do praticante, serve como um conduíte para as fadas lavarem a negatividade persistente. O Fogo, com seu poder transformador, consome e transmuta a negatividade; a chama de uma vela, imbuída de intenção e vigiada pelas fadas, torna-se uma fonte radiante de força. Por fim, o Ar, representando clareza e liberdade, é invocado para dissipar ilusões ou medos, criando um espaço que parece leve, livre e resiliente.

Um método de proteção potente que requer foco e reverência é a Invocação de Guardiões de Fadas. Certas fadas, com sua sintonia com as energias protetoras, ajudam de bom grado quando tratadas com respeito e gratidão. Para invocar um guardião de fadas, o praticante pode escolher um espaço tranquilo na natureza ou um ambiente ritualístico dedicado. Aqui, eles oferecem um pequeno presente - um cristal, uma flor ou algumas gotas de óleo natural - para significar seu pedido de proteção. Ao se concentrarem em sua intenção, eles clamam às fadas com sinceridade, convidando sua presença como protetoras de seu espaço e espírito. Esses guardiões de fadas, frequentemente sentidos como uma presença ou como um calor ao redor do praticante, emprestam sua energia ao escudo protetor, aumentando sua eficácia. Quando tais fadas concordam em oferecer sua tutela, elas frequentemente sinalizam sua presença por meio de pistas sutis - um farfalhar de folhas, uma mudança no ar ou uma sensação de força pacífica.

Sigilos de Fadas e Símbolos de Proteção são outra ferramenta poderosa no arsenal espiritual do praticante. Sigilos - símbolos criados por meio da intenção e imbuídos de significado - atuam como condutores para a energia das fadas, amplificando a força da proteção. Para criar um sigilo de fada, o praticante começa com uma intenção, escolhendo cuidadosamente palavras ou imagens que encapsulam a proteção desejada. Esses símbolos, desenhados em pergaminho ou gravados em uma pequena pedra, são então colocados no altar ou carregados com o praticante. Em momentos de quietude, eles se concentram no símbolo, convidando as fadas a imbuí-lo com sua energia. À medida que o praticante mantém esse símbolo em mente, ele se torna um lembrete tangível de sua conexão com o reino das fadas, um objeto vivo com energia protetora, responsivo às suas necessidades e intenções.

Às vezes, o praticante pode sentir a necessidade de uma defesa intensificada em face da negatividade intensa. Para tais momentos, Ritos de Limpeza com Orientação de Fadas fornecem alívio e resiliência. Usando ervas sagradas como sálvia, alecrim ou lavanda, o praticante realiza um ritual de limpeza, espalhando a fumaça ao redor de si mesmo ou de seu espaço. A cada movimento, eles convidam as fadas a participar da elevação e dispersão de qualquer negatividade persistente. As fadas, atraídas pela pureza do aroma das ervas, adicionam sua presença à limpeza, uma influência silenciosa, mas poderosa, que aumenta a eficácia do ritual. À medida que a fumaça se dispersa, o mesmo ocorre com qualquer energia estagnada, deixando o espaço do praticante leve e renovado.

Por fim, a Prática do Aterramento Energético desempenha um papel crucial na manutenção da proteção. O aterramento, uma prática simples, mas profunda, garante que o praticante permaneça conectado à terra, reduzindo a vulnerabilidade a influências externas. Com os pés descalços no chão, o praticante imagina raízes se estendendo de seu corpo até o núcleo da Terra, extraindo estabilidade e força de baixo. Esse processo de aterramento não apenas estabiliza sua energia, mas também fortalece sua conexão com as fadas, que ressoam profundamente com os ritmos naturais da Terra. Ao se aterrar regularmente, o praticante permanece equilibrado, menos suscetível a influências esgotantes e mais aberto a receber o apoio das fadas.

Por meio dessas práticas, o praticante constrói uma tapeçaria de proteção, uma estrutura viva que evolui à medida que aprofunda seu vínculo com as fadas. Ao aprender a tecer escudos de energia, invocar guardiões e se conectar com aliados elementais, eles não apenas se protegem, mas também honram os dons das fadas. Cada ato de proteção é uma dança entre reinos, um testemunho da confiança mútua que forma o coração dessa conexão. Com essas ferramentas, o praticante se apresenta como um guardião de sua própria energia e um administrador das forças profundas e invisíveis do reino das fadas.

À medida que o relacionamento do praticante com as fadas se aprofunda, a natureza da proteção também evolui - passando de salvaguardas simples para um escudo complexo e intuitivo. Aqui, a proteção se torna mais do que uma barreira; torna-se uma forma de arte, um diálogo constante entre o praticante e os aliados das fadas. Esta segunda parte se aprofunda nas complexidades de manter e reforçar as práticas de proteção, aprimorando a sensibilidade do praticante às mudanças espirituais e aumentando sua conexão com os seres elementais.

Com uma base protetora estabelecida, o praticante aprende a Reforçar os Escudos de Energia por Meio da Recarga Intencional. Assim como uma estrutura física requer manutenção, um escudo de energia prospera com a renovação. O praticante pode realizar essa renovação invocando conscientemente sua intenção de fortalecer o escudo, visualizando uma nova camada de luz ou energia elemental infundindo-o com nova vitalidade. O praticante se senta ou fica de pé em seu espaço, com os olhos suavemente fechados, e visualiza o limite protetor ao seu redor. Ao respirar profundamente, eles invocam fadas elementais específicas: fadas da terra para adicionar força aterrada, fadas do fogo para imbuir resiliência transformadora, fadas do ar para clareza mental e fadas da água para trazer adaptabilidade. Essa visualização revigora o escudo, permitindo que ele permaneça forte, flexível e responsivo a mudanças sutis.

Em momentos de necessidade intensificada, A Arte da Blindagem em Camadas torna-se inestimável. A blindagem em camadas consiste em criar várias camadas de proteção, cada uma imbuída de energias ou intenções distintas, e cada uma refinando progressivamente o propósito do escudo. O praticante começa criando um escudo inicial próximo ao corpo, visualizado como uma barreira de luz que representa calma e neutralidade. Em seguida, eles adicionam outra camada imbuída de força elemental, talvez com a presença terrena de pedras ou o calor de uma chama suave. A camada final serve como um filtro, conectado às energias das fadas, que pode transmutar ou dissolver quaisquer forças indesejadas. Essa técnica de proteção em camadas cria um escudo multidimensional que faz mais do que repelir energia; ele filtra, transmuta e refina as energias que entram no espaço do praticante, mantendo uma conexão ininterrupta com o reino de apoio das fadas.

Tokens de Fadas para Reforço Protetor também desempenham um papel significativo na proteção espiritual avançada. Esses tokens podem ser objetos naturais como pedras, folhas ou pétalas de flores - itens simples carregados com energia de fada para continuar a influência protetora. Para criar um token, o praticante coloca o item escolhido em um altar preparado, cercando-o com itens que representam os quatro elementos. Em um momento de quietude, eles pedem às fadas que imbuam esse token com proteção duradoura, agradecendo e expressando sua intenção. A energia da fada dentro do token é então selada, permitindo que ele sirva como um guardião portátil. Carregados na pessoa, colocados nas portas ou mantidos perto da cama, esses tokens atuam como protetores sutis, mas poderosos, continuamente carregados com energia de fada.

Com base nos tokens, o praticante pode explorar Grades de Proteção dentro de seu espaço. Uma grade de proteção consiste em um layout de pedras, cristais ou objetos naturais abençoados por fadas, dispostos em padrões geométricos. O praticante escolhe o layout - talvez um círculo para unidade, um triângulo para foco ou uma espiral para crescimento - e coloca seus tokens carregados em pontos dentro desse padrão. Cada objeto é abençoado para trabalhar em uníssono, conectando-se com o reino das fadas para criar um campo ambiente de proteção. Essa grade, deixada intacta dentro do espaço ritual ou casa, estabelece uma ressonância harmônica, protegendo de energias perturbadoras e permitindo que forças benéficas entrem. As fadas, reconhecendo a intenção de tal configuração, muitas vezes se juntam para aumentar sua integridade vibracional, fortificando o espaço de maneiras visíveis e invisíveis.

Outro aspecto vital da proteção avançada é a Sensibilidade às Mudanças nas Energias e Respostas

Intencionais. Com o tempo, o praticante aprende a reconhecer quando a energia em seu espaço começa a parecer "desligada" ou diminuída. Esses sinais podem ser uma sensação de peso, distúrbios no equilíbrio emocional ou sentimentos de inquietação. Quando tais sinais aparecem, o praticante invoca as fadas para obter insights, muitas vezes recebendo orientação por meio de pistas ou sensações sutis. Eles então realizam uma limpeza, liberando qualquer energia acumulada com gratidão e convidando as fadas a ajudar na renovação do espaço. Esse ato de responder às mudanças à medida que surgem aprofunda o vínculo intuitivo do praticante com as fadas, promovendo um relacionamento baseado na consciência e cuidado mútuos.

Ao aprofundar ainda mais a proteção, o praticante se envolve em Rituais Contínuos de Renovação. À medida que as estações mudam e a lua cresce e diminui, o mesmo ocorre com a dinâmica de energia na vida e no espaço de alguém. Ao observar esses ciclos, o praticante se alinha com o fluxo e refluxo da energia natural, usando-a para amplificar as intenções de proteção. Na lua cheia, por exemplo, eles podem convidar fadas da água para aumentar a adaptabilidade de seu escudo, ou durante um solstício, invocar fadas do fogo para fortalecer a resiliência. Esses rituais de renovação permitem uma proteção que cresce com o praticante, ressoando com seus ciclos internos e os ritmos mutáveis da própria natureza.

Por fim, Confiar no Vínculo com os Aliados das Fadas torna-se uma fonte de força inabalável. Essa confiança é construída gradualmente, por meio de um entendimento silencioso de que as fadas respondem não apenas a rituais e oferendas, mas também à sinceridade do coração do praticante. É por meio desse vínculo que o praticante encontra conforto e coragem, reconhecendo as fadas como aliadas steadfast que, embora invisíveis, protegem e nutrem. Em momentos de vulnerabilidade, eles se voltam para dentro, sentindo a presença das fadas em sinais sutis - uma brisa, o brilho da luz através das folhas, o calor da terra sob os pés. Essa comunhão silenciosa torna-se a maior forma de proteção, um escudo intangível, mas profundo, que nada pode diminuir.

Por meio da sabedoria e das ferramentas de proteção espiritual avançada, o praticante atinge uma nova harmonia no equilíbrio entre força e sensibilidade. A cada técnica, eles refinam suas habilidades intuitivas, criando proteção não apenas como uma salvaguarda, mas como um ato de reverência e conexão com as fadas. E assim, a jornada protetora se transforma em algo sagrado - um testemunho vivo da unidade entre o humano e a fada, a terra e o espírito, a sombra e a luz.

Capítulo 21
Autoconhecimento e Crescimento

Na jornada em desenvolvimento com as fadas, o caminho para o autoconhecimento marca uma profunda transição. Aqui, o praticante é convidado a ir além da compreensão do mundo ao seu redor e voltar-se para dentro, para explorar as camadas intrincadas do seu próprio ser. Guiado pelas fadas, esse caminho de autodescoberta revela uma paisagem interna frequentemente escondida ou esquecida, uma paisagem onde intuição, memórias, emoções e forças interiores convergem. A cada passo dado nesse reino, o praticante descobre verdades sobre si mesmo que se tornam guias e espelhos em sua jornada espiritual.

As fadas, com sua sabedoria ancestral e conexão inata com a natureza, tornam-se companheiras sutis, mas perspicazes, nessa busca. Elas ajudam o praticante a se sintonizar com aspectos mais sutis de sua consciência, a examinar não apenas as emoções na superfície, mas as correntes subjacentes que moldam seus pensamentos, sonhos e medos. Através desse processo, o autoconhecimento emerge não como uma ideia abstrata, mas como uma experiência íntima, uma conexão com o eu autêntico.

Uma das práticas fundamentais aqui é a Reflexão Consciente, uma prática aprimorada pela orientação das fadas. Em momentos de introspecção silenciosa, o praticante pode sentar-se perto de uma janela aberta ou em um ambiente natural, permitindo que as energias suaves da natureza incentivem a reflexão. Com a energia das fadas como uma presença calmante, o praticante começa observando suas emoções e pensamentos recentes, reconhecendo-os sem julgamento. Essa prática de atenção plena, conduzida com um senso de curiosidade em vez de crítica, ajuda a iluminar padrões e reações que podem ter passado despercebidos anteriormente. Na presença da energia das fadas, o praticante aprende a se sentar com seus próprios pensamentos em aceitação, reconhecendo cada um como uma mensagem ou uma camada do eu à espera de compreensão.

À medida que esse processo se aprofunda, o praticante pode se envolver no Diário com Insights das Fadas. Aqui, ele anota reflexões, emoções, sonhos ou quaisquer pensamentos recorrentes que surjam durante seu tempo na natureza ou meditação. As fadas, sendo criaturas intuitivas, muitas vezes se comunicam de maneiras sutis - através de sensações, imagens ou símbolos que emergem durante o registro no diário. O praticante pode notar temas ou símbolos recorrentes que possuem ressonância particular. Ao registrar esses insights e retornar a eles periodicamente, o praticante começa a identificar áreas de crescimento ou cura. Esse diário, imbuído da sabedoria das fadas, torna-se um mapa pessoal, guiando o praticante de volta ao seu eu interior a cada entrada.

Outra prática vital na jornada do autoconhecimento é Abraçar as Emoções Através da Meditação Fortalecida pelas Fadas. Quando profundamente sintonizado com a energia das fadas, o praticante pode acessar um estado aprimorado de meditação, onde não apenas observa suas emoções, mas também se sente apoiado em liberá-las ou transformá-las. Esse processo envolve sentar-se em um espaço sagrado, talvez perto de um altar ou de um objeto natural escolhido, e invocar as fadas para guiá-lo através de sua paisagem emocional. À medida que as emoções vêm à tona - sejam alegria, tristeza, medo ou incerteza - o praticante se permite sentir cada uma delas plenamente, confiando na presença das fadas para fornecer equilíbrio e compreensão. Nesse estado, as emoções são reconhecidas como professoras, em vez de obstáculos, e através delas, o coração do praticante se abre ainda mais para o reino das fadas e para si mesmo.

Ouvir os Sinais do Corpo também se torna uma prática de autodescoberta. Muitas vezes, sensações físicas ou tensões carregam mensagens não ditas que, quando abordadas, levam a uma maior autoconsciência. As fadas, conhecidas por sua conexão com o fluxo natural de energia, incentivam o praticante a notar as sensações sutis dentro do seu corpo. Existe um peso ao redor do coração, um aperto no peito ou uma tensão nos ombros? Em momentos de consciência, o praticante pode colocar a mão sobre essas áreas e pedir às fadas que o ajudem a entender o que essas sensações representam. Através dessa prática, os sinais do corpo se tornam não apenas indicadores de saúde física, mas também reflexos do eu interior, ajudando o praticante a harmonizar corpo, mente e espírito.

Um aspecto essencial do autoconhecimento é Explorar Intenções e Desejos Pessoais com a Orientação das Fadas. Intenções são as correntes silenciosas que moldam as ações, crenças e relacionamentos do praticante. Com o apoio das fadas, o praticante pode mergulhar em suas motivações mais profundas, examinando o que realmente o impulsiona na vida. Esse processo pode envolver reservar um tempo a cada dia ou semana para refletir sobre uma pergunta como: "O que eu realmente desejo?" ou "Que intenção guia meu caminho?" Ao enquadrar essas perguntas no contexto da sabedoria das fadas, as respostas geralmente revelam verdades ocultas ou anseios mais profundos. Através dessa exploração, o praticante aprende a alinhar suas escolhas de vida com seu eu autêntico, um eu trazido à luz pela orientação das fadas.

Através das fadas, o praticante também pode acessar o Trabalho com a Criança Interior, uma prática gentil, mas transformadora, de se reconectar com os aspectos infantis dentro de si. As fadas, com sua energia lúdica e acolhedora, são aliadas naturais para ajudar o praticante a revisitar memórias de alegria, admiração e inocência que podem ter sido ofuscadas pelos fardos da idade adulta. Em momentos tranquilos, o praticante pode convidar as fadas a guiá-lo até memórias ou experiências onde se sentiu conectado ao seu eu mais verdadeiro. À medida que essas memórias vêm à tona, o praticante pode revivê-las, sentindo as emoções, cheiros, sons e sensações como se estivessem acontecendo novamente. Através dessa prática, ele desperta a alegria e a curiosidade da criança interior, integrando essas qualidades à sua vida presente, cultivando um senso de si mais pleno e vibrante.

Reconhecer as Sombras com o Apoio das Fadas torna-se outra parte crucial da autodescoberta. As fadas, embora frequentemente gentis e alegres, também possuem uma compreensão natural das dualidades da vida. Elas ajudam o praticante a enfrentar e abraçar suas próprias sombras - aqueles aspectos do eu que são ocultos ou negados. Com a presença delas, o praticante aprende a abordar esses aspectos não com medo, mas com abertura, entendendo que a sombra contém sabedoria valiosa. Ao trabalhar com as fadas para confrontar e integrar essas partes de si mesmo, o praticante transforma resistência em aceitação e evasão em cura.

Na busca pelo autoconhecimento, Expressar Gratidão às Fadas pelo Crescimento Pessoal torna-se uma âncora, fundamentando cada descoberta na apreciação. Através de rituais de gratidão, o praticante agradece às fadas por sua orientação, seja através de uma simples oferenda de flores, algumas palavras sussurradas ou acendendo uma vela. Essa gratidão fortalece a conexão, reafirmando que a jornada de autodescoberta é compartilhada entre os reinos. Ao reconhecer o papel das fadas, o praticante entende que seu crescimento é apoiado, que ele não está sozinho nesse caminho para a autoconsciência.

Em cada aspecto do autoconhecimento explorado com as fadas, o praticante se aproxima de uma verdade interior que é simultaneamente pessoal e universal. Com a presença das fadas, o autoconhecimento se torna uma jornada não apenas para as próprias profundezas, mas para um reino de sabedoria coletiva compartilhada entre humanos e fadas, terra e espírito. Cada descoberta, cada insight, traz o praticante para uma maior harmonia consigo mesmo e com os mistérios do mundo que habita. A jornada do autoconhecimento, enriquecida pela gentil sabedoria das fadas, abre portas que conduzem não apenas para dentro, mas além, para uma conexão com toda a vida.

Tendo iniciado o caminho do autoconhecimento com a orientação das fadas, o praticante agora se aprofunda, desenterrando camadas de compreensão interior e crescimento pessoal. Nesta fase, a conexão com as fadas amadurece e elas revelam dimensões mais sutis de autoconsciência. Isso não é meramente uma expansão do que foi descoberto, mas uma jornada para integrar o autoconhecimento à vida cotidiana, permitindo que o crescimento pessoal se torne um processo vivo e respirante, entrelaçado em cada ação, pensamento e interação.

A Autoavaliação com Reflexão das Fadas é fundamental para essa jornada de aprofundamento. As fadas, com sua gentil sabedoria, auxiliam o praticante na avaliação regular do seu próprio crescimento, refletindo sobre mudanças no comportamento, respostas e intenções. Essa prática de autoavaliação pode ocorrer no final de cada dia ou semana, onde o praticante se pergunta: "Que insights eu obtive?" ou "Como eu agi em alinhamento com meu eu verdadeiro?" Através da orientação das fadas, essas reflexões revelam o delicado progresso que o praticante faz, mesmo em pequenos momentos. As fadas, sendo sensíveis à intenção, incentivam a honestidade e a autocompaixão, lembrando o praticante de que a autoconsciência cresce lentamente, como raízes se aprofundando na terra.

À medida que o praticante continua, ele encontra momentos em que emoções, hábitos ou respostas permanecem obscuros ou emaranhados. Abraçar a Autocompaixão através de Afirmações das Fadas torna-se uma prática fundamental. As fadas, que naturalmente irradiam aceitação e compreensão, guiam o praticante a falar consigo mesmo com gentileza, especialmente em momentos de autodúvida ou conflito interno. O praticante pode criar afirmações inspiradas na energia das fadas, frases como "Estou crescendo com paciência" ou "Confio na minha jornada", sussurradas durante a meditação ou escritas em um diário. Ao se afirmar regularmente dessa maneira, o praticante começa a ver seu autocrescimento como um processo de nutrição, honrando cada passo como parte de uma jornada maior.

Em momentos de dificuldade ou sombra, as fadas apresentam A Prática do Espelho com Presença das Fadas. Este exercício convida o praticante a sentar-se em silêncio com um espelho, olhando suavemente para seu próprio reflexo, enquanto segura uma imagem ou símbolo da energia das fadas por perto, como um cristal, pena ou pequena flor. No reflexo do espelho, o praticante vê não apenas seu rosto, mas suas emoções e pensamentos como se refletidos de volta com a sabedoria das fadas. As fadas oferecem sua gentil orientação aqui, encorajando o praticante a observar seus próprios olhos, notar expressões de emoção e aceitar esses aspectos de si mesmo sem julgamento. Através disso, o praticante experimenta autoaceitação, testemunhando seus pontos fortes e vulnerabilidades sob uma luz compassiva.

Para aprofundar sua jornada, o praticante pode se envolver na Visualização do Caminho da Vida Guiado pelas Fadas. Nessa visualização, o praticante imagina caminhar por um caminho na floresta, guiado por fadas que aparecem em várias formas - talvez como luzes suaves ou folhas sussurrantes. Enquanto o praticante caminha, ele visualiza momentos significativos do seu passado que emergem ao longo do caminho, momentos de alegria, desafio, aprendizado e transformação. As fadas, com sua sabedoria natural, ajudam o praticante a reconhecer e integrar essas memórias, entendendo que cada momento contribui para seu eu presente. Essa visualização se torna uma forma de honrar a jornada da vida e reconhecer que o crescimento, apoiado pelas fadas, é contínuo e em evolução.

As fadas também apresentam a Expressão Criativa como um Portal para a Sabedoria Interior, uma prática de se envolver com a criatividade para desbloquear insights ocultos. O praticante pode se sentir atraído a pintar, escrever poesia, dançar ou criar música inspirado em sua jornada com as fadas. Esse ato de criação se torna uma ponte para o subconsciente, onde as verdades interiores geralmente residem. À medida que as fadas inspiram cores, formas ou palavras, o praticante descobre que a criatividade se torna uma ferramenta intuitiva, revelando emoções e insights que as palavras sozinhas não conseguem capturar. Através dessa expressão criativa, ele acessa uma forma de autoconhecimento que é sentida em vez de analisada, ressoando profundamente no coração.

A prática de Cultivar o Silêncio e a Escuta Interior também se torna essencial nesta fase. As fadas, que habitam lugares quietos e escondidos, lembram o praticante do poder encontrado em momentos de quietude. Em um simples ato de sentar em silêncio - talvez debaixo de uma árvore ou perto de uma janela aberta para a noite - o praticante ouve não por vozes, mas pelos movimentos sutis dentro de sua própria mente e espírito. Esses momentos de silêncio permitem que realizações mais profundas venham à tona sem força, guiando gentilmente o praticante em direção a verdades pessoais que surgem naturalmente, assim como uma folha flutua até o chão da floresta. Nesses momentos tranquilos, a presença das fadas é sentida como uma energia calorosa e acolhedora que permite ao praticante explorar suas próprias profundezas com paciência.

À medida que o autoconhecimento se aprofunda, as fadas incentivam um Ritual de Compromisso Pessoal com o Crescimento. Esse ritual não precisa ser elaborado; pode envolver acender uma única vela ou segurar um pequeno símbolo que represente o crescimento pessoal, como uma pedra ou pena. Neste ritual, o praticante declara em silêncio ou em voz alta seu compromisso de continuar sua jornada de autoconhecimento, reconhecendo a orientação das fadas e sua própria força interior. Ao fazer essa promessa, o praticante reafirma sua intenção de viver autenticamente, crescer continuamente e abraçar cada aspecto de si mesmo com coragem. Esse compromisso se torna uma âncora energética, um ponto de retorno sempre que surgem desafios no caminho.

Nesta fase, a Interação Consciente com os Outros como um Espelho do Crescimento Interior é introduzida. As fadas, que entendem a interconexão de todos os seres, guiam o praticante a ver as interações com os outros como reflexos do seu próprio crescimento. Cada interação - seja pacífica ou desafiadora - torna-se uma oportunidade para autorreflexão, uma chance de observar as próprias reações, palavras e emoções em tempo real. As fadas lembram o praticante de que os relacionamentos espelham o crescimento interior, mostrando não apenas como ele percebe os outros, mas também como ele se percebe. Através disso, o praticante aprende paciência, compaixão e compreensão, reconhecendo que cada conexão faz parte da teia intrincada do seu caminho espiritual.

Com esse autoconhecimento aprofundado, o praticante se encontra mais alinhado com sua verdadeira natureza e mais bem equipado para navegar pela vida com clareza e propósito. As fadas, silenciosas, mas presentes, tornam-se companheiras duradouras, sua sabedoria gentilmente entrelaçada no tecido de cada momento. Ao olhar para frente, o praticante sabe que o autoconhecimento não é um fim, mas um alicerce - um terreno sobre o qual os próximos passos do seu caminho espiritual serão construídos, sempre crescendo, sempre evoluindo.

Capítulo 22
Práticas de Manifestação

No coração da criação reside uma poderosa verdade: cada pensamento, cada sentimento e cada intenção molda a realidade. Ao entrarmos no reino da manifestação, nos engajamos em uma dança ancestral com as energias que formam nosso mundo. As práticas de manifestação nos convidam a direcionar conscientemente essa energia, recorrendo ao reino das fadas como guias e colaboradoras. As fadas, sintonizadas com o fluxo natural da vida, ensinam gentilmente o praticante a definir intenções e aproveitar sua vontade interior para materializar seus desejos. Isso não é mera ilusão; é um alinhamento profundo e deliberado com a força criativa do universo.

No centro da manifestação está a Clareza da Intenção. As fadas, que se movem com precisão e propósito através dos elementos, encorajam o praticante a refinar seus desejos com foco cristalino. Antes de iniciar qualquer prática, o praticante é guiado a sentar-se em silêncio e meditar sobre a essência de seu desejo. Qual é o cerne desse desejo? Ele surge de um lugar de verdadeira necessidade ou de um desejo fugaz? Ao compreender as raízes de suas intenções, eles se alinham com valores mais profundos, e as fadas auxiliam na ancoragem dessas intenções, dando-lhes uma base sutil, porém poderosa, que se sente profundamente alinhada com o fluxo da natureza.

O próximo passo é Criar uma Afirmação de Intenção. Aqui, o praticante destila seu desejo em uma única frase potente, dita como se o resultado já fosse uma realidade. Uma intenção de prosperidade, por exemplo, pode se tornar: "Estou cercado por abundância e prosperidade, fluindo sem esforço para minha vida". As fadas, cuja energia é direta e livre de hesitação, encorajam o praticante a dizer essa afirmação em voz alta com convicção. Ao fazer isso, as palavras se tornam mais do que mera linguagem; elas se transformam em uma semente de energia, pronta para crescer no campo fértil da possibilidade.

Para reforçar essa intenção, o praticante é apresentado ao Uso de Símbolos e Elementos das Fadas. As fadas há muito se associam a plantas, pedras e símbolos específicos que ressoam com vários aspectos da vida. No processo de manifestação, o praticante pode selecionar um cristal, folha ou flor que corresponda ao seu desejo - citrino para prosperidade, lavanda para calma ou pétalas de rosa para o amor. Este item escolhido se torna uma âncora tangível para a intenção, carregando a vibração tanto do resultado desejado quanto da energia da fada que o aprimora. Ao manter este item por perto, o praticante nutre uma conexão constante e sutil com seu desejo, como se estivesse sussurrando para ele através das energias da natureza.

A Visualização, uma poderosa técnica de manifestação, vem a seguir. Guiado pela Imaginação das

Fadas, o praticante é encorajado a fechar os olhos e visualizar sua intenção como se estivesse se desenrolando no momento presente. As fadas, seres de rica imaginação e criatividade, guiam o praticante a ver cada detalhe vividamente, sentir as emoções ligadas ao resultado desejado e realmente viver nesta visão. Se a intenção é paz, o praticante pode se imaginar cercado por uma floresta serena, sentindo a calma e a quietude da energia das fadas ao seu redor. Essa visualização cria uma experiência sensorial tão vívida que o desejo parece real e imediato, permitindo que ele atraia magneticamente as energias correspondentes para o praticante.

Outra prática essencial é Ancorar a Intenção com a Energia Elemental. Na natureza, as fadas canalizam sua energia através dos quatro elementos - terra, água, fogo e ar. Aqui, elas ensinam o praticante como integrar essas forças elementais para apoiar a manifestação. Para aterramento e estabilidade, o praticante pode se conectar à energia da terra, talvez colocando as mãos no solo ou segurando uma pedra. Para adaptabilidade e fluidez, eles podem trabalhar com a água meditando perto de um riacho ou incluindo uma pequena tigela de água em seu ritual. O fogo, aceso através de uma vela, alimenta a paixão e a transformação, enquanto o ar, simbolizado por incenso ou uma brisa suave, carrega a intenção para fora. Esse aterramento elemental enraíza a intenção no mundo natural, alinhando-a com os ritmos da vida.

As fadas também ensinam a Prática da Liberação e Confiança, uma parte frequentemente negligenciada, mas crucial da manifestação. Depois de definir sua intenção e aterrá-la, o praticante deve liberar seu desejo para o universo com confiança, permitindo que ele se manifeste em seu próprio tempo. As fadas, que se movem sem esforço dentro dos ciclos da natureza, lembram o praticante de que o crescimento também tem suas estações. Assim como uma flor desabrocha quando está pronta, seu desejo também se realizará quando as condições forem adequadas. Através dessa liberação, o praticante se liberta do apego, confiando no fluxo e no tempo naturais, confiante de que as fadas continuam a apoiar a jornada.

Em momentos de incerteza, as fadas apresentam Sinais e Símbolos de Afirmação. À medida que o praticante se move pela vida diária, ele permanece aberto a mensagens sutis das fadas e da própria natureza. Uma borboleta pousando nas proximidades, uma brisa repentina ou um encontro inesperado com um símbolo significativo - todos se tornam afirmações de que a intenção está se movendo em direção à realização. Esses sinais, muitas vezes sutis, mas inconfundíveis, atuam como lembretes de que as fadas estão guiando e apoiando o processo.

À medida que a jornada de manifestação se aprofunda, o mesmo ocorre com a conexão entre o praticante e as delicadas energias do reino das fadas. Nesta fase, as fadas guiam o praticante para técnicas mais refinadas, incentivando práticas que fortalecem a intenção e amplificam a energia ao seu redor. Aqui, encontramos a arte do Alinhamento Energético e da Integração Diária, cultivando uma vida que ressoa harmoniosamente com a manifestação desejada.

O primeiro passo é Harmonizar as Intenções com as Ações Diárias. As fadas, que personificam a harmonia com a natureza, revelam a importância da consistência entre intenção e ação. A manifestação, elas ensinam, não se limita a momentos de ritual ou intenção focada, mas floresce no ritmo da vida cotidiana. Por exemplo, se o praticante busca paz, ele é encorajado a adotar práticas que incorporem calma - conversas gentis, momentos de reflexão e interações que promovam tranquilidade. Ao viver em alinhamento com suas intenções, eles se tornam um canal para as energias que desejam manifestar, permitindo que elas tomem forma naturalmente.

Para aprimorar esse alinhamento diário, as fadas apresentam a Prática das Reflexões Conscientes da Manhã e da Noite. A cada manhã, o praticante começa definindo uma intenção consciente para o dia, sintonizando seus pensamentos e ações para ressoar com seus objetivos de manifestação. Essa reflexão não precisa ser longa ou complexa - um breve momento de intenção focada enquanto bebe chá ou observa a natureza geralmente é suficiente. As reflexões noturnas servem como fechamentos gentis para o dia, permitindo que o praticante revisite suas intenções, reconheça quaisquer sinais dados pelas fadas e reconheça o progresso. Esses momentos simples, porém profundos, mantêm uma conexão contínua com o reino das fadas, permitindo que a energia da manifestação flua consistentemente.

A prática do Diário de Gratidão e Afirmação leva essa conexão adiante, guiada pelas fadas como um meio de enraizar os desejos do praticante em uma base de gratidão. Em um pequeno diário dedicado, o praticante registra afirmações e expressa gratidão não apenas pelo que já se manifestou, mas também pelo que está por vir. Essa gratidão, ensinam as fadas, atua como um ímã, alinhando o praticante com a abundância. Não é meramente uma reflexão, mas uma ferramenta poderosa que transforma expectativas em realidade. O diário se torna um espaço sagrado, um lugar onde as energias das fadas se misturam com as do praticante, mantendo as intenções próximas ao coração e à mente.

Em seguida, está a Arte do Canto das Fadas e da Ressonância Sonora. A energia das fadas é inerentemente rítmica, fluindo em tons e melodias que ecoam pelo mundo natural. O som, elas mostram, é um portador de intenção, e cantos simples e sinceros ajudam a amplificar e direcionar a energia da manifestação. Um canto pode ser uma única palavra ou frase, como "abundância flui" ou "a paz está aqui". Dito com ritmo e repetição, o canto vibra através do praticante, conectando intenção e energia. As fadas podem sugerir cantar essas frases enquanto estiver na natureza, harmonizando com o suave farfalhar das folhas ou o murmúrio da água. Através dessa ressonância, o praticante se conecta às frequências naturais, sintonizando-se com as energias que apoiam suas intenções com a harmonia guiada pelas fadas.

Com essas práticas, as fadas apresentam uma Técnica de Visualização avançada para Amplificação da Manifestação. Enquanto as visualizações anteriores podem ter se concentrado em uma imagem simples e focada, essa técnica convida o praticante a construir um cenário inteiro em torno de seu desejo, envolvendo todos os sentidos. Se sua intenção é prosperidade, eles são encorajados a imaginar não apenas a visão da abundância, mas os sons, as texturas e até os aromas associados a ela. As fadas, cuja presença pode ser sutil e vibrante, auxiliam guiando essas visualizações, ajudando o praticante a experimentar a riqueza de seu desejo como se ele já existisse. Cada detalhe fortalece a ressonância vibracional da intenção, tecendo-a no tecido da realidade.

Igualmente essencial é a Prática da Ação Inspirada, onde as fadas gentilmente encorajam o praticante a dar passos em direção aos seus desejos. A manifestação não é apenas uma jornada interior, mas uma que requer ação, inspirada na conexão entre intenção e vida. As fadas geralmente trabalham através de toques gentis e sinais fortuitos, levando o praticante a tomar ações alinhadas com seus objetivos. Por exemplo, se o praticante busca conexão ou comunidade, as fadas podem inspirá-lo a participar de reuniões ou se envolver em conversas que abram portas para novos relacionamentos. Ao agir de acordo com esses impulsos, o praticante demonstra compromisso com sua manifestação, aterrando seus desejos no mundo da forma.

À medida que as manifestações começam a se desdobrar, as fadas ensinam a Prática da Liberação de Energia - a arte sutil de desapegar com confiança. Este estágio de liberação é semelhante a uma flor desabrochando em seu próprio tempo, livre de impaciência. As fadas, estando sintonizadas com os ciclos da natureza, lembram o praticante de que a manifestação se desdobra com sua própria sabedoria. Ao liberar o controle sobre como e quando um desejo se manifestará, o praticante permite que o universo e as fadas trabalhem em harmonia. Essa liberação não diminui o foco, mas permite uma antecipação pacífica e alegre. Assim como as fadas confiam no ciclo das estações, o praticante também confia nos ciclos de seus desejos, abrindo espaço para bênçãos inesperadas.

Finalmente, as fadas ensinam o Ritual da Celebração Sagrada, uma forma de honrar as manifestações que ganham vida. A celebração, no mundo das fadas, é um ato sagrado, que fortalece os laços e renova a energia. O praticante é encorajado a fazer uma pausa e honrar cada etapa da jornada, seja por meio de uma pequena cerimônia ou de um momento de gratidão. Essa celebração, por mais simples que seja, alimenta o ciclo de manifestação, criando um fluxo contínuo de alegria, gratidão e conexão com as fadas. Desta forma, as fadas se tornam não apenas guias, mas parceiras na vida do praticante, compartilhando sua alegria e aprofundando seu propósito compartilhado no mistério da criação.

Capítulo 23
Cura Emocional Profunda

Sob a superfície da consciência diária, encontra-se um reino onde memórias, emoções e energias se entrelaçam no tecido do nosso ser. É neste reservatório silencioso que emoções não processadas, memórias e traumas muitas vezes residem, lançando sombras sobre o espírito e afetando o bem-estar. Aqui, as fadas se tornam aliadas ternas, convidando-nos a liberar, curar e, finalmente, transformar essas energias. Guiados por sua presença, embarcamos em um ritual de cura emocional profunda, abrindo uma porta sagrada para a liberação e renovação profundas.

A jornada começa com a Criação de um Espaço Sagrado de Cura. As fadas revelam que um ambiente preparado com uma intenção gentil promove as energias certas para a liberação emocional. Selecione um lugar tranquilo, talvez adornado com flores, pedras ou até mesmo uma pequena tigela de água limpa para representar a clareza. Deixe a luz natural ou o brilho suave de uma vela iluminar o espaço, sinalizando abertura para as fadas. Cada elemento escolhido tem um propósito, criando um limite que nutre a intenção do praticante de confrontar e liberar o peso emocional com um coração compassivo.

À medida que o espaço toma forma, a prática da Consciência da Respiração e do Enraizamento atrai suavemente o praticante para o momento presente. As fadas, sintonizadas com o ritmo da respiração, convidam-nos a seguir seu fluxo natural. Respirações lentas e conscientes acalmam a mente e o corpo, conectando o mundo consciente com as profundezas internas. Visualize raízes estendendo-se da base da coluna ou dos pés para a terra, como se estivessem se enraizando na sabedoria ancestral da própria natureza. Esse enraizamento cria uma base estável, garantindo que, mesmo em momentos de intensidade emocional, o praticante permaneça conectado à energia constante e nutritiva da terra e das fadas.

Com esse enraizamento estabelecido, as fadas guiam o praticante para a Descoberta Emocional através da Reflexão. Neste espaço delicado, elas encorajam uma reflexão gentil sobre sentimentos ou experiências que carregam peso emocional. As fadas são sensíveis à vulnerabilidade que essa exploração traz, oferecendo sua energia calmante para proporcionar uma sensação de segurança. À medida que as memórias emergem, elas podem vir com uma onda inicial de emoção - tristeza, raiva ou até mesmo alívio. As fadas nos lembram que cada uma dessas emoções é válida, cada uma parte da tapeçaria da cura, e elas nos encorajam a testemunhá-las sem julgamento.

Em seguida, o ritual se aprofunda com a Visualização da Liberação Energética. Aqui, o praticante visualiza essas emoções pesadas como uma névoa ou cor tangível ao seu redor, representando os fardos que estão preparados para liberar. As fadas, frequentemente associadas aos elementos naturais, inspiram uma visualização transformadora. Imagine essas emoções flutuando para a terra, água ou céu - absorvidas e gentilmente dispersas pela natureza, transmutadas de volta em energia neutra. Nesta liberação, as fadas atuam como intermediárias, garantindo que o que é liberado seja levado de forma segura e compassiva, abrindo espaço para a cura da luz.

Uma parte essencial desse processo é a Aceitação e Autocompaixão, facilitada pela presença suave e nutritiva das fadas. Através de sua energia gentil, o praticante é lembrado de oferecer a si mesmo bondade, reconhecendo a coragem necessária para enfrentar suas sombras internas. As fadas, sempre empáticas, revelam que a autocompaixão não é apenas um bálsamo para as feridas do passado, mas também um ingrediente vital para a transformação emocional duradoura. Na presença das fadas, o praticante aprende a estender um olhar acolhedor e aceitando em direção à sua própria jornada, não importa quão complexa ou difícil ela possa ter sido.

À medida que as emoções são liberadas, as fadas introduzem a prática da Receptividade à Luz Curativa. Com o espaço emocional limpo, uma nova energia cheia de luz pode entrar. Aqui, as fadas guiam uma visualização da luz curativa - um brilho suave e quente que preenche o coração e a mente. Essa luz pode ser imaginada como dourada, prateada ou qualquer cor que pareça reconfortante, banhando o corpo como um bálsamo suave. O praticante é convidado a deixar essa luz fluir para os espaços antes ocupados pela dor ou tristeza, uma suave reposição oferecida pelas fadas para nutrir o espírito renovado.

O ritual termina com a Gratidão pelas Fadas e por Si Mesmo. Assim como as fadas deram sua energia e apoio, o praticante reserva um momento para agradecê-las por sua presença e orientação. Essa gratidão se estende a si mesmo também, reconhecendo a coragem de enfrentar e curar camadas emocionais profundas. Esse ritual de cura emocional profunda, guiado pelas fadas, abre não apenas o coração, mas também um caminho para uma ressonância emocional mais leve e livre. Ao sair do espaço ritualístico, o praticante pode levar consigo uma consciência renovada de paz interior, ancorada em si mesmo e na energia das fadas que o abraçaram.

Os fios da emoção tecem uma teia sutil ao redor do coração, muitas vezes carregando ecos de experiências passadas que persistem no presente. As fadas, que compreendem as delicadas energias do invisível, guiam-nos para um aprofundamento do ritual de cura emocional. Em sua sabedoria, elas revelam que a verdadeira liberação e paz vêm quando nos aventuramos corajosamente nas profundezas, acolhendo as emoções como guias para o autoconhecimento e a transformação interior.

Com a base da liberação emocional estabelecida, as fadas introduzem a prática da Respiração Purificadora. Essa respiração suave e rítmica convida a energia curativa a cada inspiração e libera a tensão a cada expiração. Enquanto o praticante respira, ele é encorajado a visualizar cada respiração como uma infusão de energia pura e vibrante. Lentamente, a cada ciclo, essa respiração dissolve os resquícios persistentes de tristeza, raiva ou arrependimento, convidando a uma nova clareza e paz. As fadas, pairando nas proximidades, amplificam essa respiração com sua presença, adicionando um ritmo calmante que incentiva a rendição completa.

Na quietude que se segue, as fadas guiam o praticante para a Prática da Liberação Emocional através da Visualização. Aqui, imagens ou cores emergem, representando emoções há muito guardadas. As fadas revelam que essas visualizações oferecem um caminho para a cura mais profunda, dando forma a sentimentos que as palavras podem não capturar totalmente. Talvez o praticante veja um vermelho vibrante para a raiva, um azul escuro para a tristeza ou uma massa emaranhada simbolizando a confusão. As fadas gentilmente instruem o praticante a liberar essas cores, permitindo que cada emoção se disperse na imensidão da terra, do céu ou da água corrente nas proximidades. Através desse ato, cada emoção é honrada e liberada, retornando ao fluxo universal, transformada pela própria natureza.

Com essa liberação, as fadas guiam o praticante a abrir seu coração para Receber Luz e Amor. Neste espaço terno, as próprias fadas, personificações da compaixão e do equilíbrio, oferecem sua própria energia como uma luz radiante. Elas convidam o praticante a imaginar essa luz ao seu redor e preenchendo-o, tocando cada espaço que antes era ocupado por emoções mais pesadas. O praticante pode visualizar essa luz como dourada ou lavanda, pulsando com calor e compaixão.

Cada respiração traz essa luz para mais fundo, preenchendo o coração, a mente e o espírito com uma garantia pacífica e um empoderamento gentil. É um ato de reivindicar o próprio santuário interior, curado e purificado.

Em seguida, as fadas conduzem a um exercício sutil, porém profundo: Ouvir as Mensagens Internas. As emoções, uma vez reconhecidas e liberadas, muitas vezes revelam percepções mais profundas, fragmentos de sabedoria que emergem quando o ruído de sentimentos não resolvidos se dissipou. No silêncio criado pelo ritual de cura, o praticante pode sentir um leve sussurro interior - uma nova clareza, uma compreensão de suas próprias necessidades ou uma afirmação reconfortante. As fadas encorajam essa escuta introspectiva, pois sabem que dentro da quietude reside a orientação da alma, uma verdade que surge apenas em momentos de paz.

À medida que essas mensagens emergem, as fadas introduzem Afirmações de Renovação e Força. O praticante, agora sintonizado com o fluxo da cura, profere afirmações que refletem sua jornada e a força recém-descoberta. Declarações como "Eu libero o que não me serve mais", "Estou aberto à paz e à luz" ou "Eu abraço minha força interior" ressoam profundamente, apoiadas pela energia das fadas que os cercam. Cada afirmação ancora a cura, transformando-a de uma experiência transitória em uma mudança duradoura dentro de si. As fadas, perspicazes e sábias, oferecem sua aprovação silenciosa, fortalecendo cada palavra com sua energia sutil.

Para encerrar o ritual, as fadas sugerem um Ritual de Gratidão e Oferenda. A gratidão, elas revelam, é uma força poderosa que enriquece a energia trocada durante o ritual, criando um equilíbrio harmonioso. O praticante pode colocar um pequeno símbolo - uma flor, cristal ou símbolo - no centro de seu espaço como uma oferenda às fadas. Esse símbolo representa a apreciação pela presença e orientação das fadas, simbolizando o respeito mútuo entre o praticante e o reino das fadas. Com essa oferenda, o praticante reconhece o apoio das fadas, firmando a cura no laço sagrado que foi nutrido.

À medida que o ritual chega ao fim, o praticante carrega consigo um espírito mais leve e um coração aberto à renovação. As fadas, sempre perto, mas sempre gentis, retiram sua presença orientadora, deixando uma impressão de paz e um sussurro de seu apoio contínuo. Através dessa cura emocional profunda, o praticante avança na vida com clareza, resiliência e uma profunda conexão com sua própria essência e a terna sabedoria das fadas.

Capítulo 24
Trabalhando com Elementais

Nas profundezas misteriosas da natureza, existem energias além do reino das fadas, forças que ecoam ritmos antigos e poder primal. Esses seres, conhecidos como elementais, são frequentemente confundidos com fadas, mas carregam energias e propósitos únicos dentro do mundo natural. Cada espírito elemental reflete um dos elementos fundamentais - terra, água, fogo e ar - manifestando suas qualidades com uma força bruta, quase indomável, que revela a essência do próprio elemento.

A jornada começa com os Elementais da Terra, seres de força enraizada e conhecimento ancestral. Conhecidos por muitos nomes - gnomos, espíritos das pedras e guardiões da floresta - os elementais da terra incorporam resiliência e estabilidade. Eles residem em rochas, solo, árvores e montanhas, nutrindo silenciosamente as raízes de toda a vida. Ao se conectar com os elementais da terra, somos chamados a abraçar as qualidades de paciência, resistência e força. O praticante pode iniciar essa conexão passando tempo em paisagens naturais, concentrando-se em práticas de aterramento e oferecendo pequenas oferendas - como cristais ou pedras - como gestos de respeito e alinhamento com essas energias terrestres. Em sua presença silenciosa e constante, os elementais da terra transmitem estabilidade e clareza, apoiando-nos em momentos em que precisamos nos manter firmes.

Em seguida, vêm os Elementais da Água, seres fluidos que ecoam o fluxo e a profundidade dos rios, lagos, oceanos e até mesmo da chuva. Comumente percebidos como espíritos da água, ondinas ou ninfas, esses espíritos habitam o coração de cada onda e ondulação, incorporando emoções, intuição e transformação. Os elementais da água detêm o poder da mudança e da limpeza, incentivando o praticante a se libertar dos fardos emocionais e confiar no fluxo e refluxo natural da vida. Para se conectar com esses seres, pode-se visitar um corpo d'água próximo ou criar uma simples tigela de água como uma conexão simbólica, observando sua superfície em busca de movimentos sutis ou reflexos que espelhem a energia das ondinas. Através dessa conexão, os elementais da água nos guiam para as profundezas de nossas próprias emoções, ajudando-nos a abraçar a vulnerabilidade e a fluidez com graça.

Os Elementais do Fogo seguem, seres que carregam a essência da paixão, transformação e energia bruta. Conhecidos como salamandras ou espíritos da chama, eles não se limitam ao fogo físico, mas residem na vitalidade e no calor de todas as coisas, desde o sol até a menor faísca. Os elementais do fogo são ferozes e potentes, guiando os praticantes em direção à coragem e à transformação pessoal. Para se sintonizar com sua energia, pode-se começar com uma simples chama de vela, concentrando-se em seu calor e movimento bruxuleante. As salamandras respondem a atos de bravura e intenção, oferecendo insights em momentos em que se busca acender o propósito ou a coragem. Com sua orientação, o praticante aprende a navegar e canalizar a força interior, transformando obstáculos com a mesma intensidade com que o fogo transforma a madeira em cinza.

Existem os Elementais do Ar, seres que são tão evasivos quanto o vento e tão presentes quanto cada respiração. Muitas vezes aparecendo como sílfides ou espíritos do vento, esses elementais trazem qualidades de liberdade, intelecto e inspiração. Eles residem em céus abertos, entre nuvens e em cada rajada de vento, incorporando tanto a quietude quanto o movimento do pensamento. Ao procurar trabalhar com os elementais do ar, pode-se observar os padrões das nuvens, sentir o toque do vento na pele ou simplesmente se concentrar em respirar profundamente, convidando sua luz e clareza. As sílfides respondem ao nosso desejo de abertura e conhecimento, guiando-nos em momentos de clareza mental e pensamento criativo. Sua presença é como uma brisa suave que afasta a névoa mental, encorajando o praticante a ver com clareza e uma perspectiva ampliada.

À medida que esses seres elementais são encontrados, os praticantes descobrem que cada um incorpora não apenas as qualidades de seu elemento, mas também os mistérios mais profundos da existência. Os elementais da terra ensinam a sabedoria das raízes e da persistência, os elementais da água revelam a cura na rendição, os elementais do fogo despertam a transformação e os elementais do ar inspiram liberdade e compreensão. Trabalhar com esses espíritos requer respeito e atenção, pois os elementais ressoam com as energias centrais da própria vida, poderosas e não afetadas pelos desejos humanos.

A prática de trabalhar com elementais não se trata de controle, mas de construir um relacionamento de respeito mútuo e reverência. Eles não são invocados ou comandados, mas sim honrados como aliados no crescimento pessoal e espiritual. Quando abordados com humildade, esses seres compartilham seus profundos insights e energias, oferecendo orientação e empoderamento de uma forma profundamente pessoal e transformadora. As fadas também reconhecem esses espíritos elementais como parentes, entendendo que cada um carrega uma essência vital para o equilíbrio de todas as coisas.

Através desta primeira exploração, os praticantes começam a sentir a presença distinta desses aliados elementais. Cada um possui uma voz única, uma ressonância que chama em momentos específicos de necessidade ou crescimento. À medida que aprofundamos nossa conexão com os elementais, eles nos lembram que somos parte de uma vasta e interconectada teia de existência, onde as forças da terra, água, fogo e ar se unem para sustentar e transformar toda a vida.

Uma vez que um praticante tenha formado uma conexão inicial com os elementais da terra, água, fogo e ar, uma nova profundidade de interação se torna possível - uma que transcende a simples observação e entra no reino da co-criação espiritual. Esse relacionamento mais profundo convida a uma ressonância entre as energias humanas e elementais, promovendo uma troca equilibrada e recíproca. À medida que nos alinhamos com os espíritos da natureza, rituais e práticas emergem que honram esses seres e aumentam a conexão do praticante com as forças elementais que guiam e sustentam a própria vida.

Para iniciar essa jornada, o praticante pode considerar a criação de um espaço sagrado especificamente projetado para trabalhar com elementais. Este espaço, seja em ambientes internos ou externos, serve como um ponto de conexão, um limiar onde as energias de cada elemento podem se manifestar livremente e ser honradas. Uma clareira em uma paisagem natural pode funcionar tão bem quanto um altar adornado com símbolos de cada elemento: cristais ou terra para a terra, água em uma tigela de vidro, uma vela acesa para o fogo e incenso ou penas representando o ar. Tal espaço alinha as intenções com os elementos, permitindo um ambiente harmonioso para se conectar com os espíritos elementais. Ao entrar neste espaço, o praticante se centra, convidando cada presença elemental a ser sentida, estabelecendo uma atmosfera de respeito e receptividade.

Uma comunicação mais ativa com os elementais se desenrola naturalmente nesses ambientes. Os elementais da terra, por exemplo, podem sinalizar sua presença através de uma sensação intensificada de estabilidade ou uma sensação de aterramento que se espalha pelo corpo. Os praticantes podem aumentar essa interação por meio de exercícios físicos de aterramento, tocando a terra ou simplesmente respirando profundamente, permitindo-se tornarem-se tão enraizados quanto as árvores. Com os elementais da água, pode-se sentir ondas de calma ou abertura emocional; essa energia pode ser cultivada segurando água nas mãos ou observando seu movimento, sintonizando-se conscientemente com o ritmo e a abertura do elemento.

Para aqueles atraídos pelos elementais do fogo, entrar em uma conexão profunda significa invocar uma sensação de força interior e transformação. Aqui, pode-se sentar diante da chama de uma vela, visualizando-a como uma ponte para as salamandras, sentindo a energia do calor e da coragem se agitando por dentro. Tais rituais não apenas honram os elementais do fogo, mas despertam o próprio potencial do praticante para se elevar e se transformar em momentos de desafio. Enquanto isso, trabalhar com elementais do ar pode envolver exercícios respiratórios meditativos ou focar na sensação do vento ou da respiração contra a pele, experimentando a clareza efêmera do ar e convidando à introspecção. As sílfides geralmente se manifestam como ideias fugazes ou uma clareza repentina, um lembrete de que a inspiração e o conhecimento são tão fluidos quanto o próprio vento.

Com o tempo, os praticantes começam a desenvolver rituais elementais - práticas exclusivas de sua conexão com cada espírito. Esses rituais são menos sobre etapas formais e mais sobre um alinhamento intuitivo com a energia do elemento. Um ritual de terra pode envolver o ato de plantar uma semente com intenções de crescimento e aterramento, permitindo que o espírito da terra nutra tanto a semente quanto os objetivos do praticante. Os rituais da água podem envolver lavar as mãos em um riacho ou oceano, permitindo que a água limpe e leve embora emoções ou energias desnecessárias, um ritual no qual os elementais da água auxiliam na clareza emocional e na liberação.

Os elementais do fogo inspiram rituais de transformação. Pode-se escrever crenças limitantes em papel e queimá-lo em uma pequena chama, simbolizando uma liberação e transformação dessas energias com a orientação das salamandras. Os elementais do ar, da mesma forma, inspiram rituais de liberação e renovação. Sussurrar intenções ou desejos ao vento, permitindo que ele carregue as palavras e a energia, cria um laço sutil, mas profundo, com as sílfides. Cada ritual elemental, pessoal e profundamente intencional, torna-se uma oportunidade de parceria com o reino elemental, mesclando a consciência humana com a sabedoria das forças da natureza.

Além dos rituais individuais, os elementais guiam os praticantes em direção a uma consciência mais profunda dos ciclos naturais e sua interação. A energia de aterramento da Terra se intensifica na primavera, uma estação de plantio e crescimento; o fluxo da água é mais forte durante os períodos de chuva e nas estações de transição, trazendo renovação emocional; a potência do fogo aumenta no verão, um momento para ação e transformação; e a clareza do ar atinge o pico no outono, oferecendo inspiração e percepção enquanto a natureza se prepara para o descanso. Esses ciclos espelham os ritmos internos, e os elementais se tornam aliados no reconhecimento e harmonização com essas energias, ensinando-nos a viver em equilíbrio.

À medida que os praticantes integram as práticas elementais em suas vidas, surge um senso de co-criação. Trabalhar com elementais não é uma questão de controle, mas uma dança colaborativa onde as intenções do praticante se misturam com as forças naturais, aprimorando rituais e promovendo o crescimento. A terra ensina paciência e resistência, a água transmite adaptabilidade, o fogo traz coragem e o ar concede perspectiva. Esses espíritos nos lembram que a vida é uma interação constante com forças além do nosso controle, mas ao honrar essas forças, encontramos harmonia.

Nesse relacionamento aprofundado, os praticantes ganham não apenas insights, mas uma sensação real de unidade com o mundo. Os elementais, antigos e sábios, se oferecem como guias, ensinando-nos o ritmo da natureza e nosso lugar dentro de sua vasta teia interconectada. E à medida que essa conexão se fortalece, também aumenta a capacidade do praticante de trabalhar com as forças elementais de maneiras que honram tanto o espírito quanto os elementos sagrados que moldam toda a existência.

Capítulo 25
Ritual de Purificação Profunda

O ato de purificação há muito tempo se destaca como um dos ritos mais profundos e sagrados da humanidade, uma oferenda de si mesmo às energias da renovação, uma liberação voluntária de tudo o que pesa sobre a alma e o espírito. No contexto da magia elemental e das conexões com as fadas, a purificação serve tanto como um convite quanto como uma limpeza de caminhos. Ela alinha o praticante com a clareza, livre de energias e emoções que nublam a percepção e a conexão. Como as fadas incorporam a pureza e a vibração da natureza, entrar em sua presença através da limpeza ritual aprofunda o vínculo, acolhendo sua influência e orientação.

Preparar-se para um ritual de purificação requer intenção deliberada e um ambiente livre de distrações. O espaço escolhido deve ressoar com calma e quietude - idealmente um lugar próximo à natureza, onde terra, água, fogo e ar convergem. Este local pode ser uma clareira em uma floresta, um jardim isolado ou um leito de rio tranquilo. Se praticado em ambientes fechados, o altar ou espaço ritual deve incluir símbolos para cada elemento, firmando o cenário em uma harmonia natural. Aqui, ervas, cristais e flores podem amplificar a pureza buscada. As escolhas comuns incluem sálvia ou alecrim para a terra, água salgada para limpeza, uma chama de vela para transmutação e incenso para clareza do ar.

Em preparação, o praticante se centra, entrando em um lugar de profunda consciência. Respirando profundamente, ele começa a liberar conscientemente as tensões superficiais, visualizando quaisquer energias inquietas se dissipando a cada expiração. Neste momento, ele está no limiar, uma ponte entre o peso do passado e a promessa de leveza por vir. Ao invocar fadas, é crucial honrar sua afinidade natural pela pureza, pois suas energias estão intimamente alinhadas com o equilíbrio e a clareza da natureza.

O ritual de purificação geralmente começa com o elemento terra. Com as mãos nuas, o praticante pode borrifar um punhado de sal ou colocar pedras ao redor dos pés, recorrendo à força de aterramento da terra. Esse aterramento simbólico fortalece a intenção de liberar todas as energias que não servem mais. Ao segurar o sal ou as pedras, pode-se expressar silenciosamente gratidão aos elementais da terra, pedindo sua ajuda para ancorar a estabilidade através da limpeza. As fadas conectadas à terra podem oferecer sua presença sutilmente - uma sensação de calor ou uma calma interior, guiando a intenção do praticante em direção ao centramento.

Em seguida, a água se torna o meio de liberação, refletindo seu poder de limpar o espírito enquanto lava o corpo e a alma. Mergulhando as mãos em uma tigela de água ou, se ao ar livre, usando a água doce de um riacho próximo, o praticante visualiza energias negativas e emoções estagnadas fluindo para a água. Essa prática simboliza a liberação, auxiliada por elementais da água que carregam a negatividade residual. O praticante pode optar por borrifar a água sobre si mesmo ou traçar círculos com os dedos úmidos na pele, cada movimento uma oração de renovação. Invocando fadas da água, pode-se sentir um amolecimento, uma gentileza, como se emoções há muito tempo guardadas começassem a se dissolver, deixando para trás uma sensação de leveza.

O ritual então abraça a energia do fogo, simbolizando a transformação e a purificação de aspectos mais profundos e invisíveis do eu. Uma única chama, seja de uma vela ou de uma pequena fogueira, torna-se o ponto focal, incorporando o espírito de transformação. Aqui, o praticante segura um pedaço de pergaminho, uma folha ou qualquer símbolo natural que represente o que deseja liberar - seja medo, insegurança ou uma mágoa do passado. Oferecendo-o suavemente à chama, ele observa enquanto é consumido, transformado em fumaça e cinzas. Este ato é acompanhado por uma sensação de libertação, uma liberação tangível apoiada por elementais do fogo, que trazem calor e coragem. As fadas alinhadas com o fogo carregam essa intenção para cima, sussurrando resiliência no coração do praticante.

Finalmente, o elemento ar completa o ritual. Incenso ou fumaça de defumação preenche o espaço, subindo e girando, alcançando todos os cantos da aura. O praticante pode caminhar através da fumaça, movendo as mãos através dela, sentindo sua leveza enquanto flutua, levando embora quaisquer últimos fragmentos de peso. À medida que o ar toca a pele, ele traz clareza, uma sensação de abertura, como uma janela aberta para a luz da manhã. Elementais do ar, presentes nos redemoinhos de fumaça ou em uma brisa que pode surgir, ajudam a limpar a névoa mental, oferecendo insights e percepção aguçada conforme o ritual se encerra.

Com a conclusão de cada fase elemental, o praticante descansa, com os olhos fechados, sentindo o efeito cumulativo do ritual. Uma sensação natural de paz surge, juntamente com a impressão de ter se livrado de um peso invisível. As energias das fadas, sutis, mas palpáveis, parecem pairar, abençoando este ato de autolimpeza. Cada elemento desempenhou seu papel, equilibrando e refrescando a aura do praticante, abrindo caminhos para uma conexão mais profunda e harmonia com o mundo das fadas.

Para concluir, uma palavra de gratidão é oferecida, silenciosamente ou em voz alta, honrando cada força elemental e as fadas que acompanharam esse processo. Ao agradecer, o praticante reconhece a transformação alcançada, reconhecendo-a como parte de uma jornada contínua, um retorno cíclico à clareza e à harmonia interior.

Este ritual de purificação convida as fadas a permanecerem por perto, sentindo a pureza da intenção e o alinhamento do espírito do praticante com os reinos elementais. É um rito de autorrenovação, um ato de reverência pela interconexão da energia humana e elemental, reafirmando o lugar de cada um na vasta dança da natureza. Ao se afastar do ritual, o praticante carrega consigo uma aura renovada, clara e receptiva, aberta aos ensinamentos e à presença das fadas que habitam o mundo ao seu redor.

Na sequência de um ritual de purificação profundo, mudanças sutis geralmente começam a se desdobrar, como se a essência de cada elemento tivesse se impresso no espírito do praticante, amplificando a clareza interior. Essa segunda camada de purificação convida o praticante a mergulhar ainda mais fundo na energia do ritual, transcendendo as formas visíveis de cada elemento para alcançar os fios invisíveis que conectam o eu ao todo maior. Aqui, o ritual de purificação se torna uma jornada para a alma, um convite para se envolver com as energias das fadas em um nível onde as vibrações se harmonizam e a clareza se intensifica, movendo-se através das camadas da aura e além.

Como preparação para esta fase avançada, o praticante se instala em um espaço meditativo, aterrando e centralizando mais uma vez. Uma ressonância suave cresce à medida que as fadas começam a se aproximar, suas energias se misturando com o pulso sutil de cada elemento presente. Cada uma dessas forças - terra, água, fogo e ar - serve não apenas como base, mas como uma ponte viva, levando o praticante além da purificação superficial para um estado duradouro de renovação energética.

O ritual começa com um canto ou encantamento, uma invocação rítmica sussurrada ou cantada para honrar as fadas elementais e aprofundar o alinhamento com as energias presentes. Cada palavra é escolhida com cuidado, extraída da linguagem do coração, como se falasse diretamente com as fadas, convidando sua sabedoria e orientação. O praticante permite que sua voz se suavize e ressoe, criando uma vibração que limpa os resquícios de energias anteriores e convida a purificação para espaços mais profundos do espírito. O ritmo do canto, combinado com a respiração, forma uma dança delicada, despertando vibrações internas que ressoam com as fadas, guiando-as para mais perto.

Para ampliar essa conexão, visualizações leves tornam-se centrais. Nesta fase, o praticante visualiza sua aura como um campo de luz suave e radiante que se expande e flui suavemente. Começando nos pés, a luz sobe, preenchendo gradualmente cada parte do corpo e espiralando ao seu redor, mudando de um brilho suave para uma esfera brilhante e abrangente. Dentro dessa aura, as visualizações de cada elemento aparecem por sua vez - um verde terroso profundo, um azul fluente, um laranja quente e um branco etéreo. Essas cores se misturam, simbolizando a unidade dos elementos dentro e ao redor, uma personificação da energia equilibrada.

Enquanto imerso nesta visualização, as fadas conectadas a cada elemento podem tornar sua presença conhecida, tecendo através dessas cores, aprimorando o campo de energia visualizado com suas vibrações. As fadas da terra fortalecem a base desta esfera, imbuindo-a de estabilidade, como se aterrando cada canto da mente e do espírito. As fadas da água fluem em correntes suaves, purificando as emoções e lavando resíduos invisíveis. As fadas do fogo adicionam faíscas de transformação, encorajando a coragem e a liberação de padrões antigos, enquanto as fadas do ar sussurram clareza, permitindo que a mente se limpe, guiando o praticante em direção à percepção espiritual.

À medida que a aura se torna mais brilhante e equilibrada, o praticante estende os braços, sentindo o peso da purificação se aprofundar na alma. Nesta fase, o ritual pode incluir uma oferenda sagrada aos elementos, tokens simbólicos de apreciação por suas energias. Esta oferenda pode ser na forma de pétalas de flores, grãos ou pequenos cristais, cada um correspondendo a um elemento. À medida que essas oferendas são colocadas no solo, elas se conectam com cada elemento, tornando-se vasos através dos quais a gratidão e a intenção são expressas. As fadas se reúnem em torno dessas oferendas, aceitando-as como símbolos de reverência e respeito e, por sua vez, ampliando as energias presentes no espaço ritual.

O foco do praticante então muda para técnicas de respiração projetadas para levar o processo de purificação ainda mais para as profundezas do subconsciente. Ele inspira lentamente, sentindo a energia limpa de cada elemento enchendo seus pulmões, e expira para liberar qualquer tensão persistente, um ritmo constante limpando do núcleo para fora. A cada respiração, o praticante visualiza camadas de resistência interna se dissolvendo, gradualmente descobrindo um estado puro e receptivo, pronto para abraçar plenamente as energias das fadas.

Após vários minutos de respiração consciente, a fase final do ritual exige gestos de fechamento. O praticante lentamente leva as mãos ao coração, reconhecendo a presença das fadas e expressando gratidão silenciosa por sua orientação. As mãos se estendem para fora, com as palmas voltadas para a terra, liberando toda a energia residual no solo, onde será absorvida, transmutada e renovada pelas forças elementais. Essa ação de aterramento serve tanto como uma liberação quanto como um fechamento, um retorno ao ciclo natural.

Ao concluir, o praticante pode notar uma leveza interior, uma sensação que ecoa a vibração das fadas. Este ritual de purificação, agora completo, deixa uma clareza silenciosa e profunda - uma alma renovada e sintonizada com os sussurros silenciosos da natureza. A presença das fadas perdura, tecida na aura, criando uma ponte entre os reinos e deixando o praticante com uma inconfundível sensação de conexão e clareza que o acompanhará adiante.

A purificação através das fadas e dos elementos não é meramente um ato ritual; é um alinhamento, uma restauração do eu dentro da ordem natural maior, abrindo caminhos para um envolvimento mais profundo e percepção espiritual nos próximos dias.

Capítulo 26
Desenvolvendo a Intuição

O desenvolvimento da intuição muitas vezes começa como uma suave agitação interior, um sentido silencioso que ultrapassa o ordinário, guiando os indivíduos para insights muitas vezes invisíveis à mente racional. Para aqueles que buscam se alinhar com a energia das fadas, a intuição se torna mais do que um sussurro interior; é uma conexão vibrante com as sutilezas do mundo natural, uma porta de entrada para reinos vivos com sabedoria e maravilhas.

Os primeiros passos para desenvolver a intuição são marcados por práticas de sintonização interior. As energias das fadas são delicadas, tecidas no próprio tecido dos ritmos da Terra, e senti-las requer uma mente e um coração que sejam claros, calmos e receptivos. Para começar, pode-se iniciar com exercícios diários de atenção plena, aterrando os sentidos na textura de cada momento. Praticar a consciência da própria respiração ou observar a ascensão e queda dos pensamentos sem apego gradualmente sintoniza a mente, criando um espaço no qual a intuição pode florescer.

A atenção plena também se estende ao mundo físico, onde as práticas de observação da natureza se tornam um exercício sagrado. Seja sentado sob uma árvore, observando o suave balanço das folhas ou sentindo a textura do solo entre os dedos, esses momentos se tornam caminhos para perceber mudanças sutis na energia. As fadas, como seres da natureza, ressoam com essa presença aterrada e respondem a ela, muitas vezes transmitindo impressões delicadas para aqueles que são observadores. Perceber como a brisa muda ou como certos sons emergem e se dissipam pode oferecer dicas da presença das fadas, toques gentis de reinos invisíveis.

O processo de sintonização interior também se aprofunda por meio de técnicas específicas de respiração que visam aumentar a sensibilidade. A energia das fadas flui em ondas, muitas vezes leves e sutis, e a respiração pode ser usada para atrair essa energia para dentro. Por meio de inspirações profundas e rítmicas e expirações lentas, os praticantes encorajam seus campos de energia a se sincronizar com essas vibrações, abrindo portais de percepção que vão além do físico. O ato de respirar se torna uma ponte, uma maneira de se aproximar das frequências das fadas e suavizar as bordas do pensamento consciente.

À medida que a intuição desperta por meio dessas práticas, a meditação simbólica se torna a chave para refiná-la ainda mais. Os símbolos servem como pontos focais, ferramentas que as fadas costumam usar para se comunicar entre os reinos. Por exemplo, o praticante pode escolher um símbolo natural, como uma folha ou uma pedra, e segurá-lo durante a meditação, explorando suas texturas, peso e padrões. O símbolo se torna uma âncora, um conduíte para a energia, ajudando a focar a mente e guiando os sentidos intuitivos para mensagens mais sutis que as fadas costumam deixar em forma simbólica.

Enquanto a meditação aprofunda a consciência, o uso de cristais oferece outra dimensão no desenvolvimento de habilidades intuitivas. Cristais como ametista, quartzo transparente e pedra da lua são conhecidos por aumentar a intuição, ressoando com a energia do chakra do terceiro olho, que governa a visão interior. O praticante pode colocar um cristal sobre a testa ou segurá-lo durante a meditação, convidando-o a amplificar as percepções internas. As fadas, que são atraídas pelas energias do mundo natural, muitas vezes alinham sua presença com esses objetos, amplificando sutilmente o efeito do cristal para ajudar o praticante a acessar o conhecimento interior.

À medida que os sentidos intuitivos se fortalecem, a prática da varredura de energia introduz uma abordagem mais prática. Com os olhos fechados, o praticante move as mãos sobre os objetos ou em espaços específicos, permitindo que as palmas das mãos sintam as variações de energia. Essa prática aprimora a capacidade de reconhecer sensações de calor, frio ou formigamento, que muitas vezes significam áreas ricas em energia de fadas. Cada sessão de varredura permite que o praticante perceba até as menores mudanças, criando uma base para reconhecer a presença das fadas e as energias diferenciadas que elas trazem.

Com o tempo, a percepção intuitiva é ainda mais aprimorada por meio do registro de insights e reflexões em um diário. Esse processo serve como uma forma de documentar padrões, símbolos e experiências que podem parecer isolados, mas revelam seu significado ao longo do tempo. Cada entrada, por mais breve que seja, torna-se um registro de insights recebidos, sonhos que sugerem mensagens de fadas ou mesmo símbolos que aparecem na vida cotidiana. Com o tempo, os padrões emergem, oferecendo clareza e aumentando a confiança nas mensagens que o praticante percebe.

Com o crescimento da intuição, a jornada do praticante com as fadas se transforma, revelando uma dimensão enriquecida de sua presença.

À medida que os sentidos intuitivos continuam a se abrir e revelar camadas de compreensão ocultas, a jornada se aprofunda na intrincada arte de distinguir a verdadeira intuição dos inúmeros pensamentos que muitas vezes surgem na mente. Para aqueles que trabalham com fadas, a clareza da intuição se torna primordial, pois esses seres falam de maneiras que contornam a lógica, tecendo mensagens no mundo natural e na paisagem interior de cada um. O cultivo do discernimento e da sintonização agora se torna uma força orientadora, permitindo que os praticantes confiem na autenticidade do que sentem e percebem.

Um dos primeiros passos para refinar a intuição é desenvolver a capacidade de diferenciar entre insight intuitivo e pensamento racional. A intuição, ao contrário do raciocínio lógico, muitas vezes se apresenta de forma espontânea, emergindo como um sentimento suave, mas distinto, uma imagem ou uma sensação inabalável de saber. Para praticar isso, o praticante pode passar um tempo em meditação, observando os pensamentos conforme eles vêm e vão sem apego, como folhas carregadas por um riacho suave. Esse desapego treina a mente a liberar padrões habituais de pensamento, permitindo que a verdadeira intuição surja naturalmente e com clareza inconfundível.

Aprimorando ainda mais esse discernimento, os exercícios de visualização aprofundam a receptividade da mente às mensagens das fadas. A visualização serve como uma ponte entre os mundos físico e etérico, preparando a mente para aceitar impressões sutis com maior detalhe e precisão. Uma técnica eficaz é a "visualização do jardim", onde o praticante imagina entrar em um ambiente natural vibrante, invocando a presença de fadas e permitindo que elas se comuniquem por meio de imagens, cores ou mesmo elementos simbólicos que aparecem neste espaço mental. Ao refinar essa prática, o praticante se torna hábil em reconhecer a autenticidade dessas impressões e discernir seus significados.

Para apoiar a sutileza dessas práticas, cristais específicos continuam a desempenhar um papel crucial. Pedras como celestita e labradorita são conhecidas por ressoar com os reinos etéreos e intuitivos, incentivando a clareza e a conexão com energias invisíveis. Quando colocados no terceiro olho ou segurados durante a meditação, esses cristais amplificam a percepção intuitiva e alinham a energia de alguém com as vibrações delicadas que as fadas emitem naturalmente. Sua presença atua como um amplificador suave, ajudando a separar insights genuínos do ruído mental e aumentando a capacidade de detectar mensagens de fadas nas formas mais sutis.

À medida que a intuição se torna mais responsiva, o praticante pode explorar o trabalho com sonhos como outro meio de comunicação com as fadas. As fadas costumam escolher se comunicar durante o sono, um momento em que a mente consciente descansa e o inconsciente se torna mais acessível. Antes de dormir, o praticante pode definir a intenção de se conectar com as energias das fadas, talvez colocando um cristal ao lado da cama ou mantendo um item simbólico por perto. No estado de sonho, as fadas podem aparecer como guias, símbolos ou mesmo como a própria natureza. Ao acordar, registrar essas experiências em um diário sem análise mantém as impressões intactas, permitindo que seu significado se revele naturalmente ao longo do tempo.

Para aqueles profundamente imersos nesta jornada intuitiva, aprender a sentir e interpretar as mudanças de energia em ambientes naturais se torna uma habilidade avançada. Ao caminhar por uma floresta, prado ou perto de um riacho, o praticante pode parar e se sintonizar com as mudanças no ar ou nas sensações no corpo. Um formigamento suave, uma sensação de calor ou uma repentina sensação de leveza geralmente sinalizam a presença de fadas. Com a prática, o praticante aprende a interpretar essas mudanças energéticas, discernindo quais impressões são genuinamente do reino das fadas e quais podem ser reflexos de seus próprios pensamentos ou emoções.

Para fortalecer e proteger ainda mais a receptividade intuitiva, o uso de técnicas de blindagem energética fornece uma proteção para uma comunicação clara. As fadas, sendo seres de energia pura e cheia de luz, respondem e respeitam os limites. Ao visualizar uma luz suave e radiante ao redor do corpo, o praticante estabelece um espaço seguro, filtrando energias que não ressoam com suas intenções mais elevadas. Esse escudo não apenas promove a clareza, mas também cria um espaço sagrado onde as mensagens das fadas podem fluir livremente e ser recebidas com confiança.

Finalmente, para ancorar essas práticas, o ritual de gratidão intuitiva se torna um método poderoso para aterrar e honrar essa conexão cada vez mais profunda. Após cada experiência intuitiva ou comunicação com fadas, um momento silencioso de agradecimento reconhece sua presença e os insights obtidos. Este ritual de gratidão é simples, mas profundo - talvez uma afirmação silenciosa, a oferta de uma flor ou algumas palavras ditas à terra. Este ritual de encerramento traz uma conclusão suave para cada sessão, harmonizando a energia de alguém com a das fadas e tecendo o laço da intuição cada vez mais próximo ao mundo natural e místico.

Por meio dessas práticas, a intuição se transforma de um mero sentido em uma conexão profunda, permitindo que o praticante caminhe com as fadas não apenas em rituais, mas na própria essência da vida diária.

Capítulo 27
Harmonia nos Relacionamentos

À medida que a conexão com as fadas se aprofunda, um novo capítulo se abre, convidando sua energia gentil para a intrincada teia dos relacionamentos humanos. As fadas, com sua harmoniosa sintonia com o mundo natural, trazem percepções inestimáveis para restaurar o equilíbrio e a empatia nos relacionamentos, revelando as trocas de energia invisíveis que ocorrem entre os indivíduos. Abraçar essa sabedoria permite ao praticante promover a compreensão, a compaixão e a conexão genuína com os outros - um aspecto sagrado do crescimento espiritual.

Um passo fundamental na criação da harmonia é preparar um espaço dedicado a nutrir energias positivas nos relacionamentos. Assim como as fadas da terra, água, fogo e ar têm papéis específicos no equilíbrio elemental da natureza, cada relacionamento prospera quando certas energias se alinham e fluem harmoniosamente. Para começar, o praticante pode escolher um local sereno, dentro ou fora de casa, onde elementos calmantes podem ser introduzidos: iluminação suave, cristais que evocam paz e conexão (como quartzo rosa e aventurina verde) e o aroma suave de ervas como lavanda ou camomila. Este espaço serve como um santuário, um lugar para se concentrar na cura e no fortalecimento dos laços com os entes queridos.

Neste cenário sagrado, o praticante pode realizar o Ritual das Fadas para Empatia, uma prática que convida as fadas a ajudarem a aprofundar a compreensão e promover a compaixão. Com a mente tranquila e o coração aberto, eles invocam as fadas do elemento água - conhecidas por sua sensibilidade e profundidade emocional - para ajudar a dissolver barreiras e mal-entendidos que possam ter se formado. Segurando um símbolo do relacionamento, seja uma pequena lembrança ou uma fotografia, o praticante define a intenção de que a empatia e a compreensão fluam livremente, imaginando a energia gentil das fadas envolvendo essa intenção. Em sua presença, o praticante pode sentir uma capacidade renovada de ver a partir da perspectiva do outro, obtendo insights sobre suas emoções e motivações.

Junto com a empatia, a paciência é uma qualidade essencial que as fadas podem ajudar a cultivar nos relacionamentos. As fadas da terra, com sua natureza firme e aterradora, incorporam a paciência enquanto nutrem e sustentam a vida ao seu redor. Inspirado por sua energia, o praticante pode invocar fadas da terra em momentos de tensão ou conflito, pedindo a força para responder com calma e compostura. Uma afirmação silenciosa repetida em silêncio - como "Estou enraizado na paz" - serve para enraizar essa intenção, canalizando a firme paciência e sabedoria da fada para o coração, promovendo uma calma que permite que a compreensão floresça com o tempo.

À medida que as camadas emocionais são exploradas, a prática do perdão se torna um caminho potente para harmonizar os relacionamentos. As fadas, que se movem livremente entre os mundos visível e invisível, oferecem sua orientação para liberar os fardos que pesam sobre o coração. Ao acender uma vela suave e invocar as fadas do ar - mestres do movimento e da liberação - o praticante visualiza as tensões e queixas se dissipando como névoa carregada pela brisa. Este ritual não precisa ser dramático; pode ser uma expressão suave e silenciosa do desejo de deixar ir, abrindo espaço interior para a confiança e a paz renovadas. Através da influência das fadas, o perdão se torna um ato de libertação, permitindo a renovação emocional e o equilíbrio.

Para cultivar ainda mais a harmonia, o ritual da comunicação compassiva é introduzido, convidando as fadas a ajudarem a guiar palavras e emoções. Muitas vezes, os mal-entendidos surgem não da intenção, mas da energia carregada nas palavras. Ao invocar as fadas do elemento fogo - símbolo de paixão e expressão - pode-se descobrir que suas palavras se tornam imbuídas de calor e clareza. Enquanto o praticante fala, ele pode visualizar uma luz suave e âmbar ao redor de suas palavras, que carrega suas intenções de bondade e honestidade. Essa prática consciente alinha o coração e a voz, ajudando a dissolver a tensão e trazer uma qualidade sincera a todas as trocas.

Outro ritual conhecido como respiração centrada no coração se baseia no poder das fadas do ar para restaurar a harmonia entre si e os outros. Aqui, o praticante se senta em silêncio, visualizando a presença desses seres gentis ao seu redor. Ao inspirar, eles imaginam atrair uma energia leve e arejada que preenche o coração com calor e paz. Cada expiração libera qualquer ressentimento ou frustração persistente, oferecendo-o às fadas do ar que o transformam em leveza. A cada respiração, uma sensação de calma e conexão se aprofunda, criando um estado de receptividade que se estende naturalmente aos outros, preenchendo lacunas que podem ter se formado no relacionamento.

Para aqueles relacionamentos que podem exigir uma nutrição mais consistente ou contínua, o amuleto de amizade das fadas pode servir como um lembrete tangível da intenção. Este amuleto pode ser tão simples quanto uma pequena pedra ou ficha imbuída do desejo do praticante por harmonia, confiança ou conexão. Ao segurar o amuleto e invocar as fadas da unidade e da amizade, o praticante o imbui com esse desejo. Mantido em um local de destaque, torna-se um símbolo do apoio contínuo das fadas, levando a energia da amizade ao coração do relacionamento.

Através desses rituais e práticas gentis, um vínculo com as fadas se torna uma ponte para a compreensão e empatia em todos os relacionamentos. O mundo das fadas ensina que a harmonia não é um estado estático, mas um equilíbrio vivo e fluente - que requer atenção, compaixão e um coração aberto, cada qualidade aprimorada por sua presença atemporal e solidária.

À medida que o praticante se sintoniza com a influência das fadas nos relacionamentos, ele começa a testemunhar mudanças sutis - momentos em que as trocas anteriormente tensas se suavizam, onde os mal-entendidos se desfazem sem esforço. É aqui que a energia da comunicação compassiva encontra sua expressão mais profunda, apoiada pela orientação das fadas. Para sustentar essa harmonia, o praticante aprende a ir além do ritual simples; eles descobrem a arte de nutrir o vínculo continuamente, permitindo que a energia das fadas se torne uma força silenciosa, mas presente em suas trocas com seus entes queridos.

Uma maneira de fortalecer essa conexão contínua é por meio da prática da sintonização energética, que envolve reconhecer e se ajustar aos estados emocionais flutuantes daqueles próximos a nós. Aqui, o praticante pode invocar fadas do ar, cuja sensibilidade ao movimento e às correntes invisíveis as torna aliadas ideais nesse esforço. Em um momento de silêncio, o praticante fecha os olhos, visualizando seu ente querido envolto em uma luz suave e pálida que balança e muda, revelando quaisquer tensões sutis ou correntes emocionais. Ao inspirar, eles atraem essa energia para sua própria consciência, reconhecendo-a com empatia e compreensão. A cada expiração, eles liberam uma energia estabilizadora de volta à visualização, oferecendo calma e aceitação. Esse ato de troca energética se torna uma força de aterramento, criando uma ressonância harmoniosa que se estende naturalmente às suas interações.

Para aprofundar essa harmonia, o ritual de aterramento em espaços compartilhados oferece uma oportunidade para ambos os indivíduos unirem suas energias com o apoio das fadas. As fadas da terra, com sua presença duradoura e conexão com o solo, oferecem um modelo de harmonia inabalável. Em uma área escolhida - um jardim, uma sala silenciosa ou até mesmo um local de meditação compartilhado - o praticante e seu ente querido podem sentar-se juntos, segurando uma pedra ou pequeno cristal que representa sua conexão. Ao visualizar raízes se estendendo desse objeto para a terra, eles ligam suas intenções de harmonia e compreensão, aterrando-as na energia estável e nutritiva das fadas da terra. Este ritual simples pode transformar o espaço em um lugar de refúgio, um lembrete de seu compromisso com a compaixão e o equilíbrio, mesmo quando enfrentam desafios.

As fadas também transmitem uma consciência única dos bloqueios de energia que podem impedir a harmonia. As fadas do fogo, conhecidas por seu poder transformador, tornam-se instrumentais aqui, guiando o praticante através de uma limpeza simbólica e gentil dos bloqueios emocionais. Com a presença das fadas do fogo invocada, o praticante visualiza uma pequena chama dentro de seu próprio coração ou do coração de seu ente querido. Essa chama, brilhante mas suave, ilumina quaisquer medos, ressentimentos ou mágoas não resolvidas persistentes, permitindo que subam à superfície. À medida que a chama fica mais quente, ela começa a dissolver esses bloqueios, substituindo-os por uma sensação de abertura e vulnerabilidade. Por meio dessa transformação suave e guiada por fadas, os relacionamentos são gradualmente limpos de velhas cicatrizes emocionais, criando espaço para confiança e intimidade renovadas.

Outra prática avançada introduzida pelas fadas envolve rituais de espelhamento, que permitem que os indivíduos reflitam as energias uns dos outros e aprofundem sua empatia. As fadas da água, com sua natureza fluida e qualidades reflexivas naturais, apoiam essa prática. Em um ambiente tranquilo, o praticante se imagina como um lago parado, receptivo e aberto às emoções de seu ente querido. Enquanto meditam sobre essa imagem, quaisquer emoções, expressões ou energias de seu parceiro fluem por sua mente como ondulações na água. Com o apoio das fadas da água, o praticante começa a entender esses reflexos, captando intuitivamente as emoções subjacentes por trás das palavras e ações. Este ritual, embora sutil, promove uma profunda empatia que pode levar a uma maior harmonia e uma compreensão mais profunda das experiências um do outro.

Para garantir que essas práticas sejam integradas naturalmente à vida diária, as fadas introduzem objetos simbólicos nas rotinas do praticante, cada um representando uma qualidade que eles desejam nutrir em seus relacionamentos. Podem ser tão simples como um pequeno galho para simbolizar flexibilidade, uma pedra para estabilidade ou uma pena para comunicação gentil. Cada objeto, consagrado com a orientação das fadas, serve como um lembrete gentil das qualidades necessárias para manter o equilíbrio e a compaixão. Sempre que surgirem tensões, o praticante pode segurar ou olhar para esses objetos, reconectando-se com suas intenções e o apoio sempre presente das fadas.

Finalmente, ao aprofundarem sua jornada com as fadas, o praticante passa a reconhecer que manter a harmonia requer reflexão pessoal e renovação consistentes. As fadas nos lembram que os relacionamentos espelham nossos estados internos e, portanto, a autoconsciência e a clareza emocional são cruciais. Por meio de uma prática de reflexão semanal, apoiada pelas fadas da terra e da água, o praticante contempla suas ações, palavras e emoções nos últimos dias. Ao oferecer gratidão por momentos de compreensão e se comprometer a melhorar quaisquer áreas onde surgiram tensões, eles criam um espaço de responsabilidade e autocompaixão. Essa reflexão, conduzida sob a orientação gentil das fadas, torna-se um bálsamo que acalma e nutre, garantindo que a energia da harmonia continue a florescer.

Ao tecer essas práticas, o praticante se torna um vaso de compaixão e empatia inspiradas nas fadas, capaz de trazer luz e compreensão para cada relacionamento. As fadas, em sua sabedoria atemporal, revelam que a verdadeira harmonia nos relacionamentos é um processo vivo - que se fortalece por meio da dedicação, empatia e uma profunda conexão com as energias mágicas e invisíveis que nos cercam.

Capítulo 28
Aprofundando a Prática

A jornada de aprofundamento da prática começa com o ato de meditação consistente e consciente. Em vez de uma meditação estruturada ou guiada, as fadas encorajam uma abordagem mais suave e aberta - que espelha os ritmos ondulantes da natureza. A cada dia, o praticante encontra um espaço tranquilo, seja uma clareira isolada ou um canto simples adornado com itens naturais, e se permite entrar em um estado receptivo. Nesses momentos, nenhuma agenda é definida; em vez disso, o praticante permanece aberto, ouvindo as mensagens sutis das fadas. Muitas vezes, essa comunhão silenciosa permite que as energias da natureza revelem sua presença por meio de sensações, imagens ou intuições suaves. Com o tempo, essas práticas meditativas se aprofundam, evoluindo para uma forma de comunicação intuitiva onde a orientação das fadas é tão natural quanto uma brisa suave ou o calor da luz solar.

Paralelamente, as fadas introduzem o conceito de dedicação cíclica - um reconhecimento dos ciclos e estações da natureza, espelhado no próprio desenvolvimento do praticante. Ao definir intenções alinhadas com as fases lunares ou mudanças sazonais, o praticante aprende a harmonizar seu crescimento pessoal com os ritmos maiores da vida ao seu redor. Durante a lua nova, por exemplo, eles podem se concentrar em definir novas intenções, pedindo às fadas apoio para manifestar qualidades como paciência, compaixão ou resiliência. À medida que a lua cresce, essas intenções são nutridas, ganhando força gradualmente, até que atinjam a fruição durante a lua cheia, quando as energias das fadas estão no auge. Dessa forma, a dedicação do praticante ao crescimento não é um caminho rígido, mas um que flui e reflui, permitindo ciclos naturais de reflexão e renovação.

Parte integrante dessa prática de aprofundamento é manter um diário espiritual, um registro vivo da jornada. Em suas páginas, o praticante captura momentos de conexão, insights e a sabedoria suave, muitas vezes oculta, que as fadas transmitem. Este diário se torna uma ferramenta valiosa para reflexão, um espelho do progresso do praticante e da relação em evolução com as fadas. Ao documentar essas trocas sutis, eles podem observar padrões ao longo do tempo, notando como certas mensagens de fadas se repetem ou como suas próprias percepções se aprofundam a cada estação. Com o passar dos anos, o diário se torna um mapa, guiando-os pelas descobertas passadas e lembrando-os dos caminhos que percorreram - um testemunho de seu compromisso e crescimento.

Junto com essas práticas reflexivas, as fadas encorajam rituais de renovação, que limpam e recalibram a energia do praticante. Assim como uma chuva de primavera que lava a floresta, esses rituais servem para limpar dúvidas acumuladas, distrações ou pesos emocionais que podem impedir a conexão com o reino das fadas. Usando as fadas da água como guias, o praticante pode optar por realizar uma limpeza simbólica sob o luar ou com um punhado de ervas abençoadas em água. A cada gota, eles imaginam limpar seu espírito, permitindo que quaisquer energias que não os sirvam mais sejam carregadas para longe. Ao integrar esses rituais, o praticante aprende a arte da autorrenovação, mantendo uma conexão clara e vibrante com as energias que sustentam sua jornada.

As fadas, em sua sabedoria atemporal, também transmitem a importância de observar o próprio progresso sem julgamento. À medida que o praticante aprofunda sua prática, ele se torna consciente de momentos em que sua conexão parece forte e outros em que pode parecer fraca ou distante. Em vez de frustração, as fadas encorajam o praticante a abordar essas flutuações com compaixão e curiosidade, vendo cada experiência como parte de um ciclo maior. Em momentos em que a conexão parece tênue, o praticante pode buscar as energias de aterramento das fadas da terra, que oferecem uma presença reconfortante e os lembram da natureza inabalável de seu caminho.

Para garantir a continuidade do crescimento, as fadas revelam uma prática chamada ancorar momentos, na qual o praticante marca conscientemente seus marcos. Essas âncoras são pequenos rituais de gratidão - atos simples que reforçam o progresso feito e honram o vínculo com as fadas. Por exemplo, após um ano de prática dedicada, o praticante pode plantar uma árvore, consagrando-a como um emblema vivo de sua jornada e dedicação. A cada nova folha e galho, esta árvore reflete seu crescimento, servindo como um lembrete de seu compromisso e um farol das energias das fadas que os apoiam.

À medida que o capítulo chega ao seu fim natural, as fadas transmitem uma última sabedoria: o caminho da expansão contínua. A cada prática, a cada meditação e a cada estação, o espírito do praticante se desdobra, como uma samambaia à luz da manhã. O relacionamento com as fadas se torna um rio de infinitas possibilidades e, embora o praticante tenha viajado para longe, as fadas revelam que não há um fim verdadeiro para esse caminho. É um caminho onde o crescimento é contínuo, onde a nova sabedoria está para sempre esperando e onde cada dia, cada respiração, aproxima o praticante do coração do reino das fadas e dos mistérios que ele guarda.

À medida que a jornada da prática espiritual se desenrola, o caminho se aprofunda, tecendo-se na vida diária do praticante de maneiras sutis e profundas. As fadas, sempre presentes e vigilantes, guiam esse processo com mãos gentis, revelando a arte do refinamento interior e a graça da expansão da autoconsciência. Nesta fase, o praticante é convidado a abraçar não apenas a conexão com as fadas, mas a viver em harmonia com seus ensinamentos - uma vida mergulhada na sensibilidade às energias ao redor e dentro.

No centro do aprofundamento dessa conexão está a prática da consagração diária. Todas as manhãs ou noites, o praticante dedica alguns momentos para se realinhar com as intenções definidas nos estágios iniciais da prática. Ao acender uma vela, fazer uma breve invocação ou simplesmente fechar os olhos em silêncio, eles afirmam o compromisso que fizeram - não como uma obrigação, mas como um gesto de amor e respeito para com as fadas e as energias que os guiam. Com o tempo, esses breves, porém profundos momentos de consagração, tornam-se tão familiares e nutritivos quanto respirações, atraindo o praticante cada vez mais para um estado de presença e gratidão constantes.

As fadas, sempre inclinadas ao fluxo da natureza, introduzem uma perspectiva única sobre adaptação e flexibilidade na prática espiritual. Elas encorajam o praticante a aprender o ritmo de suas próprias marés espirituais, reconhecendo quando mergulhar em intensa meditação e ritual e quando abraçar períodos de reflexão silenciosa. Durante os períodos de energia ou entusiasmo intensificados, o praticante pode se sentir atraído a se envolver em rituais mais elaborados ou comunhão prolongada com as fadas. Em outras ocasiões, as fadas aconselham o praticante a descansar, a deixar as águas se acalmarem, permitindo que insights e energias fluam sem resistência. Por meio desse ritmo, o praticante se sintoniza com os ciclos naturais internos, espelhando o fluxo e refluxo das estações da natureza e aprofundando sua compreensão do equilíbrio.

Uma das lições mais profundas compartilhadas pelas fadas nesta fase é a prática da observação silenciosa. Ao observar a natureza sem a necessidade de interagir ou interpretar, o praticante se torna uma testemunha, um vaso aberto através do qual fluem as energias sutis das fadas. Essa observação silenciosa é uma meditação em si - uma maneira de observar um riacho se mover, ouvir o vento passando pelas folhas ou contemplar um céu iluminado pela lua. Nesses momentos, a energia do praticante se acalma, ressoando com a presença elemental das fadas. Com o tempo, essas práticas abrem uma consciência intuitiva, permitindo que o praticante receba insights e mensagens além do reino das palavras, aprofundando sua comunhão com as forças invisíveis que o cercam.

À medida que o praticante se torna mais hábil em tecer as energias das fadas na vida cotidiana, as fadas introduzem o conceito de criação de rituais personalizados. Aqui, elas convidam o praticante a confiar menos em formas rituais estruturadas e mais em seus próprios insights intuitivos para criar rituais que ressoem profundamente. Esses rituais podem ser simples ou elaborados, mas sempre refletem o relacionamento único do praticante com o reino das fadas. Seja criando uma oferenda de flores perto de um riacho, escrevendo um poema de gratidão ou sussurrando intenções ao vento, esses rituais são uma forma de arte viva - uma dança entre a alma do praticante e as energias das fadas. A cada novo ritual, o praticante reforça seu vínculo, expressando devoção não por meio da rotina, mas por meio da criatividade e da presença genuína.

Parte integrante dessa prática de aprofundamento é a orientação para desenvolver um santuário pessoal - um espaço sagrado na casa ou jardim do praticante, dedicado exclusivamente à comunhão com as fadas. Ao contrário de um altar, este santuário é um ambiente maior e mais imersivo onde o praticante pode se retirar sempre que buscar clareza, paz ou renovação. Este espaço pode incluir objetos encontrados na natureza, símbolos dos elementos ou qualquer coisa que pareça conectada às energias das fadas. Aqui, o praticante cultiva um senso de pertencimento, sabendo que esse santuário existe como uma manifestação tangível de sua conexão com as fadas. Com o tempo, as energias dentro deste espaço se tornam potentes, infundidas com a essência das fadas, tornando-se um refúgio onde o praticante pode meditar, refletir ou simplesmente estar na presença desses seres místicos.

As fadas também introduzem uma prática profunda chamada harmonização com as estações internas. Assim como a natureza tem seus ciclos, a alma também. Durante os momentos de introspecção, o praticante é encorajado a refletir sobre qual "estação interior" está vivenciando. Se estiver em uma fase de "primavera", o praticante pode se sentir inspirado a definir novas intenções ou aprender novas práticas, à medida que uma nova energia floresce dentro dele. No "verão", ele pode se sentir vibrante, engajando-se ativamente em seus rituais e conexões. Durante o "outono", uma fase de liberação, ele pode descobrir que é hora de abandonar hábitos ou apegos que não servem mais ao seu caminho. Finalmente, no "inverno", um período de descanso e quietude interior, as fadas aconselham o praticante a se retirar e conservar sua energia, nutrindo as sementes do crescimento futuro. Ao se sintonizar com essas estações internas, o praticante alinha sua jornada espiritual com uma progressão natural e gentil, criando harmonia entre seus mundos interior e exterior.

Esta fase de aprofundamento espiritual atinge sua essência na prática da gratidão perpétua. Aqui, o praticante aprende a imbuir cada momento, desde o menor gesto ao ritual mais profundo, com um senso de apreço pelas energias, seres e experiências que moldam seu caminho. As fadas, cuja presença está entrelaçada em todos os aspectos da vida, tornam-se participantes ativas dessa prática de gratidão, recebendo a energia do apreço e amplificando-a. Por meio dessa prática, o praticante percebe que a gratidão é uma ferramenta poderosa - não apenas para manter a harmonia com as fadas, mas para promover um profundo estado de alegria e realização interior. A gratidão, quando praticada como um estado constante, torna-se uma luz que ilumina o caminho a seguir, garantindo que cada passo dado seja imbuído de reverência e respeito.

Com essas práticas, o praticante descobre que sua conexão com as fadas transcendeu os limites de rituais formais ou espaços definidos. Torna-se um relacionamento vivo, que respira, cresce e evolui continuamente. As fadas, sempre vigilantes e nutridoras, compartilharam sua sabedoria generosamente, guiando o praticante a um lugar de autoconfiança, onde o conhecimento das energias das fadas não é mais externo, mas incorporado ao espírito do praticante.

Assim, a jornada de aprofundamento da prática é de expansão contínua, uma fusão silenciosa e constante do eu com as forças da natureza e do espírito. E à medida que essa conexão amadurece, o praticante descobre que não busca mais as fadas como seres separados, mas as reconhece como uma parte inseparável de sua própria essência - uma jornada que continua a se desdobrar, momento a momento, estação após estação.

Capítulo 29
Ancestralidade e Fadas

Nos cantos mais profundos e ocultos das florestas ancestrais e nos sussurros silenciosos dos picos das montanhas, residem as memórias daqueles que caminharam nesta terra antes de nós. Essas memórias, entrelaçadas com o tecido da própria natureza, perduram em rochas, árvores e riachos, carregando sussurros de vidas passadas, sonhos, alegrias e tristezas. Guardiãs desse conhecimento ancestral, as fadas personificam a memória viva da natureza, unindo o passado ao presente e servindo como guardiãs da sabedoria ancestral que atravessa séculos. Sua presença nos convida a ver além da superfície das coisas, a sentir os fios que nos conectam àqueles que viveram muito antes, e a perceber que nossas vidas são parte de uma corrente ininterrupta que se estende ao longo das eras.

Essa linhagem não é simplesmente um registro de nomes, datas e histórias familiares, mas uma energia que pulsa dentro de nós, moldando nossas forças, lutas, sonhos e até nossos medos mais profundos. As fadas, em sua sabedoria ilimitada, nos ajudam a entender a ancestralidade como algo vivo - um fluxo de consciência e espírito que flui para o nosso próprio ser. Elas nos lembram que, como árvores entrelaçando suas raízes para compartilhar nutrientes e se comunicar, estamos ligados aos nossos ancestrais de maneiras que vão além das palavras. Cada batida do coração que sentimos ecoa com os ritmos daqueles que vieram antes, e ao nos sintonizarmos com essa ressonância, podemos acessar uma sabedoria e força que ultrapassa nossa compreensão imediata.

As fadas nos guiam para essa consciência com um toque delicado e paciente, encorajando-nos a olhar para a ancestralidade como uma tapeçaria de experiências tecidas na energia de nossas almas. Através de sua orientação, aprendemos a reconhecer que os fios invisíveis de nossa linhagem influenciam não apenas quem somos, mas quem temos o potencial de nos tornar. No entanto, essa conexão com o passado requer cultivo - uma disposição para olhar para dentro, para explorar as profundezas de nossas próprias raízes. Ao nos engajarmos em rituais que honram aqueles que caminharam antes de nós, começamos a experimentar sua presença como parte de nossas vidas cotidianas. Oferendas simples deixadas na natureza - uma dispersão de grãos, um punhado de flores silvestres ou uma pedra colocada cuidadosamente perto de um riacho - tornam-se atos de lembrança, uma forma de convidar nossos ancestrais a caminharem conosco mais uma vez.

Esses rituais, embora aparentemente pequenos, possuem um simbolismo profundo. Ao deixarmos essas oferendas em espaços naturais, criamos uma ponte entre nosso mundo e o de nossos ancestrais. As fadas, servindo como intermediárias entre os reinos, garantem que esses gestos sejam recebidos e compreendidos, honrando tanto nossa linhagem quanto as forças místicas que nos conectam a ela. Elas entendem que essas oferendas não são meros símbolos, mas profundos reconhecimentos de um passado que vive dentro de nós. As fadas, com sua sensibilidade inata ao fluxo de energias, guiam esses gestos para que ressoem através do tempo, permitindo-nos sentir que nossos ancestrais estão realmente próximos, mesmo que permaneçam invisíveis.

Entre as práticas que abrem portas para nossos ancestrais, a meditação ancestral é uma das mais transformadoras. Aqui, as fadas encorajam os praticantes a encontrar um lugar tranquilo e isolado na natureza - talvez ao lado de uma árvore antiga ou em um bosque isolado - para iniciar sua jornada interior. Sentados em silêncio, nos permitimos sentir a terra sob nós, respirar o ar que nutriu nossos ancestrais e abrir nossos corações para as energias que nos cercam. As fadas nos ajudam a visualizar raízes crescendo de nossos corpos para a terra, entrelaçando-se com as raízes de nossos ancestrais. Essas raízes se estendem profundamente no solo, alcançando além dos limites do tempo e do espaço, criando uma rede de apoio e sabedoria que nos sustenta.

Essa prática é muito mais do que uma meditação; é uma forma de comunhão com a essência de nossa herança. Cada vez que estendemos a mão para essas raízes, nos reconectamos com o espírito daqueles que moldaram o caminho que percorremos hoje. As fadas, à sua maneira gentil, nos ajudam a acessar essa energia, guiando-nos em direção a um senso de pertencimento que é tão antigo quanto as montanhas e tão duradouro quanto os rios. Através dessa conexão, começamos a sentir a presença dos ancestrais dentro de nós como influências vivas, cada batida do coração levando adiante sua sabedoria, seus sonhos e seu amor.

Outra camada dessa jornada envolve as histórias ancestrais, que servem como um meio vital de reacender nossa conexão com a linhagem. Mesmo quando os registros familiares se desvaneceram ou memórias específicas foram perdidas no tempo, as fadas nos encorajam a explorar a herança geral e os símbolos culturais que ressoam com nossa ancestralidade. Elas nos inspiram a reacender essa conexão mergulhando no folclore, nos rituais tradicionais e nos contos passados de geração em geração. Ao honrarmos essas histórias - reunidos ao redor de uma fogueira, sob um céu estrelado ou na solidão de uma clareira na floresta - nos abrimos para as verdades nelas contidas. As fadas, que testemunham essas recitações, criam um espaço onde as energias dessas histórias podem despertar, preenchendo-nos com insights e um senso de pertencimento.

Ao ouvirmos esses contos, podemos nos encontrar entrando em contato com os sonhos e lutas de nossos ancestrais, experimentando suas alegrias e tristezas como se fossem nossas. As fadas atuam como guardiãs silenciosas desses momentos, ajudando-nos a reconhecer a relevância dessas histórias em nossas próprias vidas. Elas revelam que esses contos são mais do que mera história; são mensagens, carregando orientação, avisos e lições destinadas a nos auxiliar em nossas próprias jornadas. Esse reacender das histórias ancestrais torna-se um ritual de lembrança, uma forma de honrar os sonhos e sacrifícios daqueles que abriram caminho para nós.

O trabalho com sonhos é outro caminho pelo qual as fadas nos ajudam a nos conectar com nossa ancestralidade. Com sua afinidade natural por espaços liminares, as fadas nos guiam para um estado de abertura antes de dormir, permitindo que as energias ancestrais nos visitem em sonhos. Ao definirmos a intenção de nos conectar com os ancestrais antes de cair no sono, criamos uma ponte para o mundo espiritual, onde mensagens do passado podem emergir. Nesses sonhos, guiados pelas fadas, podemos receber mensagens, imagens ou símbolos que oferecem sabedoria ou insight. Com o tempo, com paciência e prática, nossa capacidade de recordar e interpretar esses sonhos se aprimora, permitindo-nos descobrir os padrões e a sabedoria tecidos em nossos espíritos por aqueles que vieram antes de nós.

As fadas nos guiam para abordar cada sonho com reverência, encorajando-nos a manter um diário e registrar os detalhes, símbolos e emoções que surgem. Através dessa prática, começamos a perceber conexões que de outra forma poderiam ser perdidas, padrões que refletem as experiências e insights de nossa linhagem. No mundo dos sonhos, nossos ancestrais se tornam mais do que figuras distantes; eles são companheiros, oferecendo orientação, conforto e um vislumbre ocasional de nosso passado compartilhado. Com cada mensagem, cada símbolo, as fadas nos ajudam a ver que nossa ancestralidade não é uma mera memória, mas uma força viva, que caminha conosco todos os dias, mesmo no reino dos sonhos.

Uma prática adicional e profundamente sagrada é a criação de um altar ancestral. Esse espaço dedicado serve como um ponto focal para conexão com a linhagem, honrando tanto os membros conhecidos quanto os desconhecidos de nossa árvore genealógica. Nesse altar, podemos colocar itens que tenham significado pessoal ou cultural - fotografias de entes queridos, pedras ou terra de terras ancestrais, símbolos de nossa herança ou até mesmo heranças de família passadas de geração em geração. As fadas, que servem como guardiãs desse altar, garantem que as energias permaneçam harmoniosas e convidativas, proporcionando uma presença reconfortante que preenche o espaço. Ao acendermos velas, deixarmos pequenas oferendas ou simplesmente pararmos para refletir, convidamos nossos ancestrais para nossas vidas, criando um laço sagrado que desafia as restrições do tempo.

Esses altares não são apenas espaços físicos; eles são portais para o mundo espiritual. Ao cuidarmos desses altares, tornamos nosso respeito tangível, nossos gestos imbuídos de amor e reconhecimento. Cada vez que nos aproximamos do altar, reforçamos o laço que nos une à nossa herança, extraindo força daqueles que caminharam na terra antes de nós. As fadas nos encorajam a manter esse espaço vivo com oferendas, seja uma flor, um símbolo ou uma mensagem sincera, cada ato de reverência que afirma nosso lugar na linhagem das almas. O altar serve como um lembrete constante de que não estamos sozinhos, pois carregamos a presença de nossos ancestrais conosco sempre.

Um dos aspectos mais profundos dessa jornada reside no perdão e cura ancestrais. As fadas, com sua gentil sabedoria, nos ajudam a reconhecer que dentro de cada linhagem pode haver dores não resolvidas ou fardos persistentes passados de geração em geração. Essas energias, que podem se manifestar como desafios pessoais ou padrões em nossas vidas, são ecos de traumas, medos ou conflitos passados que nunca foram resolvidos. Através de práticas meditativas, as fadas nos guiam para visualizar esses fardos como energias que podem ser reconhecidas, liberadas e transformadas.

O processo de cura ancestral torna-se uma jornada de compaixão, onde estendemos o perdão àqueles que podem ter lutado, errado ou sofrido de maneiras que afetaram as gerações futuras. As fadas, agindo como intermediárias, facilitam essa liberação, permitindo-nos deixar de lado o que não serve mais, abrindo caminho para que a paz e a harmonia fluam através da linha ancestral. Com cada ato de cura, contribuímos para um legado de amor e compreensão, transformando nossa linhagem de maneiras que ressoam através do tempo.

À medida que aprofundamos nosso relacionamento com a ancestralidade, nossa compreensão da herança se expande para incluir não apenas ancestrais individuais, mas o espírito mais amplo da humanidade. As fadas, guias sempre presentes, nos apresentam símbolos e costumes que falam da herança coletiva que compartilhamos com os outros. Cada símbolo cultural ou costume ancestral torna-se um meio de acessar as energias ligadas às nossas terras ancestrais, um conduíte através do qual nos conectamos com a tapeçaria mais ampla da experiência humana. Usar esses símbolos ou incorporá-los em rituais preenche nossa prática com a energia daqueles que trilharam caminhos semelhantes, lembrando-nos das conexões universais que nos unem a todos.

Com a orientação das fadas, as oferendas sazonais tornam-se rituais que honram a natureza cíclica da vida e da morte, ecoando os ritmos naturais que nossos ancestrais outrora reverenciavam. Na primavera, flores e plantas jovens honram a renovação da vida; no outono, grãos e raízes celebram a colheita. Cada estação é infundida com suas próprias memórias ancestrais, refletindo as vidas e experiências daqueles que se adaptaram aos ciclos mutáveis da terra. Através desses rituais, reconhecemos que nossa conexão com a herança flui não apenas para trás no tempo, mas também para fora, para abranger a experiência universal da vida na Terra.

Cantos e músicas fornecem mais um meio de nos conectarmos com nossa ancestralidade coletiva. As fadas nos encorajam a descobrir melodias tradicionais, sejam elas passadas de família ou inspiradas nas terras de nossos antepassados. Cada palavra e nota ressoam através do tempo, invocando a energia de inúmeras vozes que cantaram essas melodias antes de nós. Ao cantarmos, podemos sentir a presença daqueles que vieram antes, seus espíritos se juntando em um coro que une gerações. As fadas, amplificando essa energia, nos ajudam a sentir o poder coletivo de nossa linhagem, uma força que transcende as fronteiras do tempo e do espaço.

Finalmente, os praticantes são guiados pelas fadas a embarcar em uma peregrinação - seja física ou em espírito - aos lugares ligados às suas raízes. Visualizar essas terras torna-se um ato sagrado, uma forma de entrar nas paisagens que nossos ancestrais conheceram. Se for possível visitar esses lugares, cada passo dado ali se torna uma oração, um gesto de reverência pela terra que outrora nutriu aqueles que vieram antes. Mas mesmo que a jornada permaneça dentro dos olhos da mente, as fadas nos ajudam a sentir a essência dessas terras, permitindo-nos percorrer os caminhos de nossos ancestrais em espírito.

A culminação dessa jornada é uma cerimônia chamada Ritual de Comunhão Ancestral, onde os praticantes reúnem itens que representam o passado e o presente - terra, velas, alimentos tradicionais - e realizam um ritual sagrado que convida as energias ancestrais para suas vidas. Esse ritual, muitas vezes realizado ao ar livre ou na presença de árvores, torna-se um espaço onde as fadas, os ancestrais e o praticante se reúnem em uma comunhão que celebra os laços de linhagem. Neste momento, os praticantes sentem a bênção de cada vida que veio antes deles, entrelaçada em seu próprio espírito.

Ao final da jornada, não nos colocamos como indivíduos isolados, mas como portadores de um legado, guardiões de memórias, sabedoria e amor que se estendem além de nossas próprias vidas. As fadas, que caminharam conosco em cada ritual e meditação, revelam a beleza de viver em harmonia com nossas raízes. Elas nos mostram que o peso do passado não precisa ser um fardo, mas uma fonte de força infinita, que nos conecta à essência atemporal da natureza e do espírito. E nessa comunhão, descobrimos que somos parte de uma corrente sem fim, um elo que une toda a natureza, a humanidade e o espírito em um abraço atemporal.

Capítulo 30
Ritual de Autocura

No crepúsculo suave onde o mundo cotidiano encontra o reino do espírito, as fadas trazem à tona sua capacidade inata de curar, convidando os praticantes para a arte sagrada da autocura.

O ritual de autocura se desenrola como um diálogo íntimo com o eu, guiado por fadas que compreendem os desequilíbrios energéticos que muitas vezes se manifestam como desconforto físico ou emocional. Em sua presença, os praticantes são encorajados a reconhecer a dor que carregam - seja visível ou oculta. As fadas oferecem um espaço sem julgamentos, incentivando os praticantes a abordarem sua dor com a mesma compaixão que poderiam estender aos outros. Essa abordagem transforma o ritual de autocura em um poderoso ato de autocompaixão, onde o praticante aprende a abraçar e transmutar suas próprias energias.

As fadas apresentam aos praticantes a arte da limpeza energética, um primeiro passo vital para a autocura. Através da visualização e da respiração profunda, os praticantes aprendem a liberar energia estagnada de seus corpos, permitindo que energia fresca e vibrante flua livremente. As fadas os guiam para imaginar um suave fluxo de luz percorrendo cada parte de seu corpo, lavando bloqueios, dúvidas ou medos. Esse processo de limpeza é como uma chuva de primavera limpando o ar, refrescando o espírito e preparando o praticante para uma cura mais profunda. A cada respiração, os praticantes podem sentir camadas de tensão se dissolverem, como se as fadas estivessem varrendo teias de aranha de seu mundo interior.

Nesta fase, os praticantes são encorajados a se conectar com cristais e ervas curativas que as fadas apreciam. Ao incorporar cristais específicos como quartzo rosa ou ametista e plantas como lavanda ou camomila, os praticantes criam um ambiente onde as energias curativas ressoam poderosamente. Esses aliados naturais são mais do que meras ferramentas; eles se tornam companheiros energéticos, cada um escolhido com a orientação das fadas por suas propriedades únicas. As fadas revelam que, quando esses itens são colocados conscientemente em um espaço de cura ou mantidos próximos durante a meditação, eles amplificam as intenções, criando uma sinergia suave, mas potente, de energias que promovem a recuperação física e emocional.

Com a energia limpa e o espaço preparado, as fadas convidam os praticantes para jornadas de visualização guiada, projetadas para promover a autocura. Através dessas jornadas, os praticantes entram em uma paisagem interior moldada por suas necessidades e memórias únicas. As fadas os levam a lugares na natureza - uma clareira tranquila na floresta, uma margem pacífica do rio ou uma caverna luminosa -

onde podem mergulhar em energias restauradoras. Nesses espaços sagrados, as fadas encorajam os praticantes a se sentarem em silêncio, sentindo sua presença e permitindo que as energias desses santuários imaginados os envolvam e curem. Cada respiração tomada neste espaço atua como um elixir, preenchendo-os com uma profunda sensação de segurança e calma, longe das ansiedades da vida cotidiana.

Neste espaço seguro, as fadas apresentam aos praticantes o poder das afirmações para o amor próprio e cura. Essas palavras não são frases simples, mas portadoras de intenção, cada uma cuidadosamente selecionada para ressoar com o núcleo do praticante. As fadas os encorajam a dizer frases como "Eu sou completo", "Eu sou resiliente" ou "Eu sou digno de paz", enquanto se concentram em áreas de tensão ou dor dentro do corpo. Com a orientação das fadas, essas afirmações se tornam vibrantes com energia curativa, se entrelaçando no espírito do praticante. Cada palavra dita é como uma gota de luz, preenchendo espaços onde feridas ou dúvidas podem ter permanecido e instilando no praticante um novo senso de empoderamento e harmonia interior.

Em momentos de profunda vulnerabilidade, as fadas ensinam os praticantes a usar o autoabraço como um gesto de cura. Isso envolve colocar as mãos sobre o coração ou segurando suavemente os ombros, incorporando uma sensação de presença e cuidado com o eu. As fadas revelam que esse ato simples conecta o corpo físico e emocional do praticante, aterrando-o no aqui e agora e abrindo-o para uma troca compassiva de energia consigo mesmo. Nesses abraços, os praticantes sentem como se as próprias fadas os estivessem envolvendo em asas de luz, sussurrando encorajamento e apoio.

Para praticantes que enfrentam feridas emocionais mais intensas ou persistentes, as fadas apresentam um ritual de autoperdão. Com sua orientação gentil, os praticantes são encorajados a reconhecer experiências passadas que deixaram efeitos persistentes em seu espírito. As fadas iluminam que a verdadeira cura muitas vezes envolve liberar a culpa, a vergonha ou a autoculpa, permitindo que os praticantes recuperem aspectos de si mesmos perdidos para a dor do passado. Este ritual é realizado acendendo uma vela como um símbolo de clareza e renascimento, enquanto silenciosamente oferece perdão a si mesmo, como se curasse uma velha ferida. À medida que a vela queima, os praticantes sentem o peso dessas memórias se elevando, substituído por uma sensação de leveza e liberdade, como se estivessem se tornando mais eles mesmos a cada momento.

Ao encerrar o ritual de autocura, as fadas guiam os praticantes para práticas de aterramento que ancoram sua energia restaurada no corpo físico. Esta etapa final envolve focar nas sensações nos pés, imaginando raízes se estendendo profundamente na terra, conectando-os à solidez e estabilidade do solo abaixo. Através dessa visualização, as fadas garantem que a energia de cura reunida durante o ritual seja selada por dentro, tecida no tecido do ser do praticante. Aterrados e renovados, os praticantes emergem do ritual com uma sensação de totalidade, profundamente conscientes de sua capacidade inata de cura e amor próprio.

Uma vez que os praticantes embarcaram na jornada de autocura, eles entram em um reino sagrado onde a energia pessoal se harmoniza com a presença nutritiva das fadas. Nesta segunda fase, o ritual de cura se aprofunda, evoluindo para uma experiência de profunda regeneração e transformação interior. As fadas guiam o praticante a explorar novas dimensões dentro de si, onde a cura se estende além do alívio imediato para um estado duradouro e enraizado de bem-estar. Cada respiração, cada gesto se torna um testemunho do potencial de renovação que reside no espírito.

No coração deste ritual, as fadas apresentam a arte da respiração guiada para amplificar o fluxo de energia curativa. Os praticantes são encorajados a sincronizar sua respiração com o ritmo da terra, inalando profundamente e exalando com intenção. As fadas direcionam cada respiração para diferentes partes do corpo onde a cura é necessária, carregando consigo uma corrente invisível de força e liberação. A cada inspiração, os praticantes absorvem luz, calma e resiliência; a cada expiração, eles liberam tensões, dúvidas e queixas do passado. As fadas enfatizam que essa respiração não é simplesmente um processo mecânico, mas um ato de comunhão com a força vital que anima toda a criação. Cada respiração se torna uma ponte, conectando o praticante ao seu eu interior e ao mundo ao seu redor.

Com base nisso, as fadas guiam os praticantes em exercícios de visualização para fortalecer a conexão mente-corpo. Elas introduzem a imagem de uma luz suave e brilhante - pulsando suavemente no centro do corpo, expandindo-se para fora a cada respiração. Esta luz irradia energia curativa, viajando para áreas de desconforto ou estagnação, inundando-as com calor e vitalidade. As fadas encorajam os praticantes a perceber essa luz como uma representação de seu próprio poder de cura inato, que se torna mais brilhante e radiante com a intenção focada. Essa visualização não apenas acalma, mas também capacita, convidando os praticantes a testemunhar sua própria capacidade de gerar e direcionar forças curativas de dentro.

Nesta jornada, as fadas também introduzem o conceito de cromoterapia como meio de aumentar a profundidade emocional do ritual. Elas explicam que cada cor incorpora uma frequência distinta e oferece propriedades curativas únicas. Guiados por fadas, os praticantes aprendem a visualizar cores que ressoam com suas necessidades, envolvendo-se em tons que acalmam, energizam ou elevam. Uma luz dourada pode envolvê-los em conforto e proteção, enquanto um brilho azul ou verde pode acalmar a mente e restaurar a paz. As fadas convidam os praticantes a experimentar, confiando em sua intuição para escolher cores que se alinhem com suas intenções. Esta exploração da cor não só aumenta a eficácia do ritual, mas também aprofunda a sensibilidade do praticante às energias e emoções sutis.

Ao longo do ritual, as fadas enfatizam a importância do toque afirmativo, uma prática em que os praticantes colocam suavemente as mãos sobre áreas de tensão ou dor. Este toque, infundido com a intenção de cura, traz atenção e consciência para partes do corpo que podem parecer desconectadas. As fadas sugerem que os praticantes combinem este toque com afirmações, criando uma união poderosa de cura física e energética. A cada toque e afirmação, os praticantes cultivam um senso de compaixão e aceitação por seu corpo, vendo-o não como uma entidade separada, mas como um vaso sagrado que merece respeito e cuidado.

À medida que o ritual progride, as fadas encorajam os praticantes a explorar o reino do som energético. Cantarolar suavemente, tons vocais ou mesmo ouvir sons naturais, como o farfalhar das folhas ou a chuva suave, tornam-se parte integrante da jornada de cura. As fadas revelam que o som carrega vibrações capazes de alcançar camadas profundas da psique, desbloqueando energias e emoções bloqueadas. Os praticantes são convidados a cantarolar ou cantar de uma maneira que pareça natural, ajustando suas vozes para ressoar com seus corpos. As fadas guiam gentilmente esse processo, ajudando os praticantes a descobrir tons que correspondem a cada parte de seu corpo, ativando energias curativas internas. Essa prática transforma o som em um instrumento de cura sagrado, amplificando o poder do ritual e harmonizando as frequências internas do praticante.

Perto do final do ritual, as fadas apresentam a gratidão como uma prática transformadora. Aqui, os praticantes são convidados a fazer uma pausa, reconhecendo a jornada que fizeram por sua paisagem interior. As fadas sugerem expressar gratidão não apenas pela cura recebida, mas também pela força interior que lhes permitiu empreender esta jornada. Elas encorajam os praticantes a agradecer ao seu próprio espírito, por sua resiliência, e às fadas por sua orientação e apoio. Este ato de gratidão, simples mas profundo, ancora as energias curativas no ser do praticante, fortalecendo o vínculo entre seu espírito e as forças da natureza.

Nos momentos finais, as fadas guiam os praticantes em um ritual de encerramento, uma prática que sela e preserva as energias curativas despertadas durante o ritual. As fadas encorajam os praticantes a visualizar uma aura protetora e cintilante ao seu redor, uma barreira suave que mantém o novo equilíbrio interior. Esta aura, uma mistura de luz e intenção, é um lembrete energético de que a cura é um estado contínuo, protegido e nutrido ao longo do tempo. Os praticantes são lembrados de que esta aura não apenas mantém as energias cultivadas no ritual, mas também atua como um escudo contra a negatividade externa, garantindo que sua paz interior permaneça intacta ao retornar ao mundo além do espaço ritual.

Saindo do ritual, os praticantes carregam consigo a essência da sabedoria das fadas. O processo de autocura não se trata apenas de aliviar o desconforto, mas de cultivar um relacionamento vitalício com o próprio espírito, corpo e emoções. Os praticantes partem com o entendimento de que sua conexão com as fadas não se limita a momentos de ritual; em vez disso, é uma companhia contínua, presente em cada respiração, cada momento de autocuidado e cada ato de gentileza para consigo mesmo. Os ensinamentos das fadas continuam a ressoar, guiando os praticantes em direção a uma vida marcada pelo equilíbrio, resiliência e profundo respeito por sua própria jornada.

Capítulo 31
Consagração Final

À medida que a jornada de transformação se aproxima do fim, as fadas preparam os praticantes para um momento sagrado de consagração, onde todo o seu aprendizado, cura e crescimento são reunidos em um único ato de dedicação. Este ritual de consagração não é meramente cerimonial; é um reconhecimento profundo do laço forjado entre o praticante e os reinos feéricos, um reconhecimento do caminho percorrido e uma homenagem às intenções que os carregaram. As fadas guiam os praticantes a criar um espaço sagrado, um limiar onde os mundos tangível e etéreo se encontram, onde eles consagrarão os símbolos e objetos que representam sua jornada.

No coração deste ritual de consagração está a criação de um espaço sagrado dedicado. As fadas instruem os praticantes a escolher um lugar onde sintam uma sensação natural de calma e conexão, um local que ressoe com a presença da natureza - seja um canto tranquilo, um jardim ou um cômodo especial. Elas guiam o praticante a limpar essa área com elementos que honram a terra, usando ervas secas ou resinas perfumadas para purificar e santificar o espaço. Os praticantes são encorajados a se mover lentamente, permitindo que a fumaça ou o aroma se espalhe pelo ar, honrando o espaço e convidando as energias de proteção e apoio.

Neste espaço consagrado, o praticante é então guiado a montar um altar de intenção. Cada objeto escolhido para este altar se torna um recipiente para memória e intenção, representando diferentes aspectos da jornada que empreenderam. As fadas sugerem incluir itens que tenham significado pessoal, como cristais, penas, folhas ou pedras que lembrem o praticante de momentos-chave, símbolos de proteção, cura ou transformação. Esses objetos não são apenas representações do caminho percorrido, mas também atuam como condutores de energia, aterrando o ritual e fortalecendo a conexão entre os reinos. Cada item é cuidadosamente colocado com uma intenção consciente, permitindo que o altar emerja como um reflexo vivo das experiências, esperanças e crescimento interior do praticante.

Uma vez que o altar está organizado, as fadas guiam os praticantes a iniciar a primeira fase da consagração através de um ritual de dedicação pessoal. Neste ritual, o praticante é convidado a proferir palavras de dedicação, afirmando suas intenções e reconhecendo o laço que desenvolveram com as fadas e sua prática espiritual. As palavras não são pré-escritas; em vez disso, as fadas encorajam os praticantes a falar com o coração, confiando que a sinceridade carregará a energia de sua dedicação. Este ato de dedicação falada solidifica o compromisso, tecendo a intenção do praticante na energia do espaço e dos objetos ao seu redor. Cada palavra se torna um fio, unindo os símbolos do altar, as energias do ritual e o espírito do praticante.

Em um profundo ato de alinhamento, as fadas então introduzem o uso de elementos naturais na consagração, permitindo que terra, água, fogo e ar abençoem os objetos no altar. Os praticantes são guiados a colocar um pequeno vaso de terra ou um cristal representando o poder de aterramento da terra, uma tigela de água para clareza emocional, uma vela para incorporar o poder transformador do fogo e uma pena ou fumaça de incenso para honrar o sopro do ar. Cada elemento é introduzido com intenção, permitindo que sua energia se infunda no altar e em cada objeto. Através desses elementos, os praticantes honram as forças naturais que os acompanharam ao longo de sua jornada, invocando-as para selar e proteger o espaço sagrado.

O ritual continua enquanto os praticantes entram em um momento de reflexão silenciosa e comunhão, guiados pelas fadas para se conectar profundamente com as energias presentes. Neste silêncio, as fadas revelam sua presença sutilmente, através de uma suave sensação de calma, uma brisa leve ou um calor interior que parece emanar do coração. Este é um momento para os praticantes ouvirem, recebendo quaisquer mensagens finais ou impressões do reino feérico. As fadas encorajam os praticantes a permanecerem abertos, permitindo que memórias, insights ou até mesmo símbolos surjam, honrando-os como um presente final da jornada. Esta reflexão silenciosa se torna um espaço de integração, onde tudo o que foi aprendido e experimentado pode se acomodar, criar raízes no espírito do praticante.

Após esta comunhão, as fadas guiam os praticantes a abençoar e consagrar um objeto ou símbolo pessoal que represente sua jornada espiritual. Este objeto, escolhido com cuidado, pode ser um cristal, um pingente ou um pequeno símbolo da natureza - algo que pode ser mantido por perto como um lembrete da jornada sagrada. Segurando este objeto, o praticante é guiado a visualizar as energias do ritual, do altar e dos elementos convergindo dentro dele, imbuindo-o com proteção, orientação e a sabedoria das fadas. Esta consagração transforma o objeto em um talismã, uma âncora para o crescimento espiritual do praticante, incorporando o laço que cultivaram e as lições que carregam adiante.

À medida que o ritual se aproxima do fim, as fadas introduzem um gesto final de liberação e gratidão, convidando o praticante a oferecer um presente simbólico de volta à natureza. Este presente pode ser uma flor, um punhado de sementes ou uma pequena oferenda natural, dado como um símbolo de respeito e apreço pelas energias e orientação recebidas. As fadas encorajam os praticantes a enterrar ou colocar esta oferenda ao ar livre, em um espaço onde ela se tornará parte da terra mais uma vez. Este ato de retribuir é um gesto quieto e humilde, reconhecendo o ciclo de reciprocidade e lembrando aos praticantes que eles são parte de uma teia de conexão maior e viva.

Nesta consagração final, o praticante entra em um espaço de alinhamento espiritual e conclusão. O altar, agora carregado de intenções e das energias dos elementos, torna-se um ponto de referência sagrado, um lugar de renovação ao qual eles podem retornar sempre que buscarem orientação ou força. O objeto pessoal, agora consagrado, serve como um lembrete tangível dos ensinamentos das fadas, um símbolo de resiliência e transformação. E em seu coração, o praticante carrega um profundo senso de gratidão e paz, sabendo que sua jornada com as fadas é um laço eterno, que continuará a apoiá-los e inspirá-los além das páginas deste livro.

À medida que a consagração final se desenrola, o ritual convida os praticantes a ir além do altar tangível e para as camadas mais profundas de seu próprio espírito, selando os compromissos, transformações e novas conexões em um profundo laço energético. Neste momento, as fadas guiam os praticantes em direção a um ato final de encerramento, uma fusão reverente de reinos, onde a essência de sua jornada é honrada com silêncio e celebração.

No coração desta conclusão está uma cerimônia de gratidão. As fadas encorajam os praticantes a refletir sobre a jornada que os conduziu até aqui, a cada lição, ritual e conexão que se entrelaçou em seu ser. A gratidão, elas lembram, é uma força de pura alquimia, uma vibração que harmoniza energias e ressoa profundamente com o reino feérico. Os praticantes são guiados a proferir palavras de agradecimento à terra, às fadas e aos elementos naturais que os acompanharam neste caminho. À medida que cada palavra é proferida, um reconhecimento silencioso ressoa, formando um fio invisível de unidade entre eles e as forças invisíveis que se tornaram aliadas em espírito. Nesta gratidão, os praticantes se sentem suavizados, lembrados da graça que flui da natureza quando abordada com reverência e humildade.

À medida que a cerimônia continua, os praticantes são guiados a liberar intenções para o universo, abrindo mão de resultados específicos e entregando sua jornada ao fluxo natural da vida. As fadas os lembram que, embora cada ritual e conexão tenha um propósito, o verdadeiro alinhamento espiritual é encontrado ao permitir que as coisas se desenrolem organicamente. Este ato de liberação, sutil mas poderoso, simboliza uma confiança na jornada que está por vir, uma confiança na sabedoria que eles ganharam e uma confiança na presença das fadas como uma força contínua e invisível. Os praticantes são encorajados a visualizar suas intenções subindo como sementes carregadas por um vento suave, confiando que elas criarão raízes onde forem mais necessárias.

Neste espaço de conclusão, os praticantes são guiados a encerrar o ritual com um gesto de aterramento, reconectando-se com a terra. Este aterramento não é apenas físico, mas serve como um selo energético, ancorando a energia do ritual e integrando-a totalmente ao ser do praticante. As fadas sugerem um ato simples, como colocar as mãos na terra, sentir a solidez sob elas e permitir que qualquer energia residual flua para o solo. Este aterramento lembra aos praticantes seu lugar no mundo natural, uma conexão tangível com a força vital que sustenta tudo e os liga eternamente ao reino feérico.

Com este aterramento, os praticantes entram em um momento de silêncio interior e quietude, um convite para refletir sobre a jornada concluída e ouvir, uma última vez, as impressões sutis das fadas. Aqui, nesta quietude, está o momento em que a transformação realmente se integra, não na forma de palavras faladas ou rituais ativos, mas como um conhecimento silencioso que reside profundamente dentro. Neste silêncio, os praticantes podem sentir uma sensação de encerramento, como se um capítulo invisível tivesse sido virado. As fadas são sentidas, não através de movimento ou som, mas como uma presença gentil e duradoura - como uma brisa suave ou uma fragrância delicada que perdura enquanto elas se despedem, recuando de volta para as dobras ocultas da natureza.

Este ritual final de consagração também inclui um ato simbólico de renascimento, um lembrete de que cada passo ao longo desta jornada transformou os praticantes por dentro. Eles são guiados a respirar profundamente, inalando o frescor do ar, a essência da renovação. Nesta respiração, os praticantes são convidados a sentir a clareza de cada lição, a força de cada conexão e a sabedoria que agora carregam. A cada expiração, eles liberam velhas energias, padrões e medos, incorporando o crescimento que abraçaram. Esta respiração, simples mas intencional, simboliza seu renascimento como seres tocados para sempre pelo reino feérico, enraizados na natureza, mas abertos às maravilhas místicas que ela contém.

À medida que a cerimônia se aproxima do fim, os praticantes são levados a oferecer uma bênção para o futuro - para seu caminho à frente, para o mundo e para a preservação dos reinos feéricos. Esta bênção é um desejo gentil, uma intenção sincera que as fadas guardam com carinho, um desejo de harmonia entre todos os seres, visíveis e invisíveis. Nesta bênção final, os praticantes reconhecem o ciclo de reciprocidade, entendendo que sua conexão com as fadas é uma troca eterna. Eles são encorajados a manter esta bênção em seus corações, a deixá-la ser uma luz guia e a levar adiante o espírito desta jornada em cada encontro, cada pensamento e cada ato de bondade que compartilham com o mundo.

Nos momentos finais, as fadas transmitem uma mensagem de apoio e presença contínuos, uma garantia de que, embora esta jornada formal possa ser concluída, a conexão permanece viva, acessível no toque suave do vento, nas cores vibrantes do amanhecer e nos sussurros das árvores. Esta mensagem de despedida é um lembrete de que os praticantes nunca estão sozinhos, que as fadas, agora companheiras de espírito, caminharão silenciosamente ao lado deles, guiando, protegendo e inspirando por trás do véu do mundo visível. E enquanto os praticantes dão seus primeiros passos além desta cerimônia, eles carregam consigo um senso de unidade, um parentesco com a terra, uma conexão atemporal com o reino feérico e um coração tocado para sempre pelos mistérios que residem no abraço da natureza.

Epílogo

Ao chegar ao final desta jornada, você não está deixando uma história para trás. Em vez disso, você está carregando consigo a essência deste universo de mistérios e revelações, um legado silencioso e sutil que agora faz parte de quem você é. Este livro, que começou como uma simples leitura, transformou-se em uma experiência, uma iniciação silenciosa no mundo das fadas e dos elementos. Você vislumbrou as forças que mantêm o equilíbrio e a harmonia na natureza e, agora, essas forças vivem dentro de você, transformando você, despertando você para a vida com novos olhos.

O que você aprendeu ao longo destas páginas não se dissolve com o fim da leitura. Os ensinamentos das fadas, sua ligação com os elementos, agora ressoam dentro do seu próprio ser. Caminhe com essa sabedoria, permitindo que cada passo reflita o equilíbrio que você encontrou ao se conectar com a terra, água, fogo e ar. Essa sabedoria não reside em palavras, mas nos sentimentos que foram despertados, nas percepções expandidas. Você se tornou parte desta dança cósmica de energia, uma dança que pulsa em cada folha, cada gota, cada brisa e cada chama.

Ao viver esta integração, você percebe que as fadas são mais do que meras guardiãs; elas são aliadas espirituais, refletindo o potencial de transformação que todos carregamos dentro. Ao honrá-las, você também honra a si mesmo, pois cada elemento espelha as facetas mais profundas do seu próprio ser. As fadas da terra lembram você de sua resiliência e estabilidade; as fadas da água, da fluidez e adaptabilidade dentro de você; as fadas do fogo, de sua paixão e impulso para criar e transformar; e as fadas do ar, de sua liberdade e capacidade de ver além do imediato.

Este livro lhe mostrou que conectar-se com a natureza é mais do que observação - é um compromisso, um modo de vida em sintonia com o ritmo universal. Agora, cabe a você nutrir esse laço, manter-se sintonizado com as energias ao seu redor, entender que tudo está interconectado e que cada pensamento, cada ação, pode reverberar no cosmos. Que você continue a cultivar esse respeito pelo invisível, pois não é apenas mágico, mas essencial para a harmonia do mundo em que vivemos.

Este fim é meramente um novo começo, pois a verdadeira magia do que foi aprendido reside na prática diária, na disposição de ver a beleza e o mistério no ordinário. Que você continue esta jornada com o coração aberto, com a alma disposta a abraçar o extraordinário dentro do simples. As fadas sempre estarão presentes, nos pequenos detalhes, nos momentos de quietude, lembrando você de que o mundo é muito mais vasto e profundo do que nossos sentidos podem capturar.

Agora, cada experiência, cada desafio, pode ser visto como parte deste ciclo eterno de crescimento e renovação. Em seu âmago, você carrega a certeza de que faz parte de algo grandioso e harmonioso. Então, ao fechar este livro, lembre-se de que a verdadeira essência da magia é a conexão com a própria vida e que o encantamento do mundo das fadas não termina aqui - ele se estende a cada escolha, cada nova descoberta, cada respiração. E que esta dança entre você e o universo continue, para sempre, em perfeita e misteriosa harmonia.

www.ingramcontent.com/pod-product-compliance
Lightning Source LLC
LaVergne TN
LVHW040041080526
838202LV00045B/3438